易明赋能系列丛书

上接战略 下接绩效
组织学习新范式

田俊国◎著

图书在版编目（CIP）数据

上接战略 下接绩效：组织学习新范式 / 田俊国著. —北京：北京联合出版公司，2020.11

ISBN 978-7-5596-4416-9

Ⅰ.①上… Ⅱ.①田… Ⅲ.①企业管理—组织管理学 Ⅳ.①F272.9

中国版本图书馆 CIP 数据核字（2020）第 125447 号

上接战略 下接绩效：组织学习新范式

作　　者：田俊国
出 品 人：赵红仕
选题策划：北京时代光华图书有限公司
责任编辑：徐　樟
封面设计：新艺书文化
版式设计：曾　放

北京联合出版公司出版
（北京市西城区德外大街83号楼9层　100088）
北京时代光华图书有限公司发行
北京晨旭印刷厂印刷　新华书店经销
字数170千字　787毫米×1092毫米　1/16　16印张
2020年11月第1版　2020年11月第1次印刷
ISBN 978-7-5596-4416-9
定价：68.00元

版权所有，侵权必究
未经许可，不得以任何方式复制或抄袭本书部分或全部内容
本书若有质量问题，请与本社图书销售中心联系调换。电话：010-82894445

学员感言

刁庆军
清华大学继续教育学院党委书记

田老师通过实践案例研讨及归纳总结，厘清了企业大学运行的内在机理。企业大学作为企业内部学习平台，为高层管理者、中层管理者、业务骨干、一线员工规划了不同的学习目标、设计了不同的学习内容，促进他们之间相互作用，从而使企业大学发挥出上接战略、下接绩效的战略引擎作用。

田俊国老师在授课中提出的许多观点令我耳目一新，引发我深思。其中几句话让我印象深刻：给知识要通过讲授，给能力要通过转化；培训不是以传授内容为主要目的，而是以促进能力转化为主要目的；知识改变命运是伪命题，能力才能改变命运。

田俊国老师写成此书，我认为是非常有价值的事！强烈推荐给企业大学管理者、研究者以及为企业人才发展服务的高校继续教育的同人们！

谢文虎
中国石油管理干部学院院长

到学院任职之前，我是培训业务领域的外行。5年来对我工作思路影响最大的是我崇拜的两位企业家。

一位是大名鼎鼎的杰克·韦尔奇。他执掌GE公司20年，使GE的市值增加了20多倍，为世界500强企业输送了140多位CEO，使

GE各项业务都做到了"数一数二"。

另一位是中化集团现任董事长宁高宁，他先后任职华润集团和中粮集团长达16年。在他的领导下，这三家以贸易为主营业务的企业先后成功转型为实业集团。其中中化集团以科技公司为进一步转型升级目标，也做得风生水起。

他们都很成功，分析他们成功的因素可以发现他们的共同点：都很重视企业培训机构的作用，都很善于运用行动学习推动工作。

对这个关键成功要素的领悟，启发了我对学院定位的再认识。参加了田校长首期"企业大学校长高研班"以后，我对学院的定位完全清晰了，那就是"上接战略，下接绩效"。

章林
中银大学常务副校长、中国银行教育发展部总经理

在VUCA（volatile不稳定、uncertain不确定、complex复杂、ambiguous模糊）时代，企业要实现永续发展，必须拥有不断迭代的变革能力，支撑这种变革能力的是组织学习能力。组织学习不单是知识的学习和单个个体的学习，更是全体成员的共同智慧、集体心智、全面协同能力的不断提升。如何真正使组织学习落地？田俊国老师10年前提出的"上接战略，下接绩效"理念和方法是不二法门。经过10年的自我迭代，田俊国老师已将其上升为更系统的理论框架、操作模型和实施路径，并在多期企业大学校长培训班中和众多同行一起打磨，让理论和实践不断精进。

我曾上过田老师的相关课程，受益匪浅。相信经过多次迭代的组织学习新范式，一定会惠及更多企业和企业培训人。

蒋欣
光大大学执行副校长

上完田老师的课，我有种拨云见日、豁然开朗之感。田老师的理论功底和长期教学实践真知，使我受益匪浅，工作有思路，身心

得滋养。

他的课程为我指明了企业大学的发展方向，战略定位从"上接战略，下接绩效"入手，特别是四象限资源摆布的均衡理念使人印象深刻。

我对企业大学的主要任务也有了更明确的认识，企业大学要做全局性的、持续性的、系统性的培训，使培训者具有业务设计、解决问题、经验萃取、复盘反省能力，特别是经验萃取，可谓重中之重。

明确了定位和方向后，对五个关键问题的讨论讲解，不仅让我加深了对定位、方向的理解，更为我提供了下一步操作指导。体系怎么建？内训师队伍怎么建？队伍怎么带？……都迎刃而解。

田老师所传授的不仅是指导意义极强的方法论，背后还传递着和谐、独立、滋养的"陪伴成长"领导力理念；思考精进的独到哲学，不仅使学员在教学上大有精进，更对个人的成长、心力大有裨益。

至善、明德、亲民，大学之道其修远兮，有田老师传道授业，指点迷津，可谓你我的幸运。

高旭升
方太大学执行校长

伴随着公司的变革转型，方太大学正持续进行着战略定位的转移和升维，包括普及并塑造方太特有的用于解决问题的方法论、通过标杆学习强化对中高层干部的认知迭代、站在中西合璧的视角重新定义企业大学、塑造中西合璧和全人教育的个性化标签等。忙碌之余，田老师发来让我为新书寄语的邀请，同时，也发来了两年前我在"赋能型企业大学校长高研班"上的课程收获分享。看到当初的分享内容才发现，今日我所践行的早已在两年前的课堂上埋下了种子，心生欢喜！田老师是实战型资深专家，该书也是非常实战、实用、有实效！相信每一位致力于发挥企业大学最大效能、助力组织成功的有志之士，都能从中获益。

孙乐
中广核大学(党校)高级培训经理

田老师的课与书是同体的,每次开卷都宛如重回田老师的课堂。

作为VUCA时代的企业大学人,常常会被不期而至的认知迭代弄得无所适从。此书上接战略,下接绩效,以独特的企业大学建设模式,指引企业大学人走出混沌,从领导力、执行力、知识力、胜任力和文化力出发,全面构建组织能力提升全景图,打造组织学习新范式。

如有机会,真想重回田老师的课堂再过一把瘾!

罗国凯
诺亚控股人才发展中心总经理

2018年年初有幸参加了"企业大学校长班",田老师的教学内容总能逼迫大家进行触碰盲区的深度思考。通过学习,我厘清了企业内部培训理念和方法论,也明白了企业大学校长个人修养和成长之路。田老师对每位学员细致的观察和直击内心的点评,以及言行一致、知行合一的教学风范,深刻诠释了教育和师范的含义。

李一平
首都机场集团公司管理学院副院长

《上接战略 下接绩效:组织学习新范式》终于付梓了!熟悉田俊国老师的朋友们这些年一直在催促他将迭代的内容出版,现在我们期待已久的新作终于面世,真是令人高兴!

文如其人。田俊国老师学养俱佳,他通过海量阅读,不断汲取智慧养分,并在长期的实践与教学中融会贯通,保持着对培训行业的深刻洞察,这让他的书与课具有极强的思想性和启发性。在同行眼中,他是培训人的导师,被尊称为"老师"。他自己则有更高的追求——"活着是为了改变中国教育"。也许正是这份执着,感召着接触他的人,燃起对培训事业的热情,同他一道躬身入局。

想要攀登事业的高峰，就要选择与高人同行。亲爱的朋友，与书结缘、用心去读、大胆实践、勇于成功，让我们一道，不忘初心，坚定前行，只争朝夕，不负韶华！

张毅
锐捷网络股份有限公司内销售部总经理兼训练部总经理

田老师给我的第一印象是博学、睿智。2018 年，朋友给我推荐了一本《上接战略 下接绩效：培训就该这样搞》，说是用友大学田校长写的，在培训圈里很火爆，应该对我有帮助。这本书给我打开了教育教学、人才培养领域的一扇新大门。

后来，田老师邀请我参加了他举办的"企业大学业务实务高级研修班"，课程让我受益匪浅，不但从理论层面把组织学习的框架构建得相当扎实，而且提炼总结了关于复盘、问题解决、经验萃取等组织学习中常用的方法和工具。田老师把他十几年来的学习、教学、实践、思考成果都浓缩到了课程中。

听闻田老师把课程成果转化成新书《上接战略 下接绩效：组织学习新范式》。作为有着多年业务经验的培训负责人，一方面，我推荐企业内部负责培训、人才发展的部门看这本书，这样能掌握更多先进的工具和方法，对提升自身专业性很有帮助；另一方面，我推荐企业业务部门管理者和企业高管看这本书，因为组织学习不是培训部门的事情，而是每个团队管理者的本职工作，发展培养人才也是所有管理者当仁不让的第一要务。人的问题解决了，事自然就能干成。

最后，祝各位都能够通过这本书，学到想学的东西，悟到该悟的道理，最终建构真正属于自己的组织学习新范式。

黄凤文
北京祥龙大学副校长

田老师作为率先在国内创立企业大学的资深专家，从实战角度给出了企业大学定位、建构、运营，以及管理等方面的独家秘籍。

此书对致力于建设优秀企业大学的管理者们，无疑是一道福音，是必选之书。

董金泉
郑州农商银行行长

战略与绩效，是企业发展的永恒课题。光是此类书籍，就多到"乱花迷人眼"的境地。在田老师的新作中，能读到战略绩效连接的方法路径，其见解令人拍案叫绝。此书正是寻找战略与绩效连接的"蓦然回首处"。

宫艳卿
拜耳作物科学（中国）有限公司培训总监

我 2017 年结识田老师，请田老师协助我的内训师团队开发了一门全国轮训"有效拜访"精品课程，拜耳的内训从此如火如荼地开展起来。惊悉田老师最新研究成果出版，特此极力推荐，因为这是一本辅导企业大学如何更好地懂公司"一把手"，如何将"一把手"的战略落地、打造思想文化的宝典，值得所有企业管理者和培训经理拥有。

周烨
立邦长润发商学院院长

看田老师的书，上田老师的课，和田老师聊天，我一定要全神贯注，因为信息量大，知识点多，要时刻准备消化转换、交叉关联，认知在不知不觉中就得到了升华。

战略决定组织方向，策略引导组织执行，而绩效则最终评估战略和策略落地。当各行各业都在指数级发展时，组织学习要对准企业战略，有效推动绩效提升。

期待和更多朋友一起分享田老师的精品书籍，借田老师智慧和内功为我们打通任督二脉。

前言
Preface

  我很庆幸自己在从事组织学习工作的早期就提出了一个很有价值的问题：培训如何才能做到上接战略，下接绩效？好问题的价值在于引发人们持续的深层次思考，未必需要标准答案。问题锚定了思考的方向，答案却可以与时俱进地发展。互联网时代复杂多变的商业环境对组织的学习能力提出了新的要求，持续学习和快速变革才是基业长青之道。

  近十多年来，国内掀起的企业大学热绝不是空穴来风，而是新商业环境下生存和发展的必然选择。企业决策层之所以下定决心成立企业大学，当然希望其在企业战略转型、变革落地、打造体系化组织能力等方面发挥重要作用。显然，企业负责组织学习的部门并没有完全意识到时代赋予他们的使命和责任，也不具备足够的专业能力让组织学习工作彻底改变。

由于工作关系，我接触了很多企业大学，发现企业大学的定位五花八门，工作重点也不尽相同，有的偏重员工岗位技能提升，更像内部职工技校；有的则偏重领导者的思想统一和领导力建设，更像党校；有的更强调深入业务，解决实际问题；有的则更重视建立体系，完善和强化治理机制。有没有一种适应新时代的组织学习范式？这是一个值得深挖的问题。要想用统一的范式指导多变的实践，就要能够穿透形态各异的表面现象，洞悉事物的本质，探究相对不变的底层结构。基于多年观察和实践，我架构出一套组织学习的动态体系模型。试图用一套不变的结构框架把组织学习的各项具体工作装进去，以检查组织学习工作的健壮性和均衡性，指导组织学习工作的改进方向。

概言之，组织学习工作无外乎五个模块：领导者的心智迭代、解决实际业务问题、把局部最佳实践升华为知识体系、员工岗位技能的培养，以及促进变革落地与文化演进。而这五者并不是简单的要素堆砌，而是相互作用、相互影响的有机体。组织学习既要审时度势，根据业务发展阶段有所侧重地开展工作，也要始终维持五个模块之间的动态平衡。本书第一章详细介绍了这个动态模型。

如果把整个组织比拟为一个人的话，那么领导者更像指挥行为的大脑，员工们更像执行命令的身体。人的改变总是从大脑中产生新的想法开始的。组织学习中最重要的部分是各级领导者们的心智迭代，领导者的思想领先于时代才能带领业务领先于时代，经营中最大的风险是领导团队的思想僵化不能与时俱进，从而导致组织被时代淘汰。第二章深入探讨领导者的学习，包括：第一，领导者如何综合运用理论学习、社会学习和经验学习等学习方式保持自身思想的快速迭代。第二，领导者如何调整适应新生代员工的领导风格，发展出与员工彼此赋能的良性关系。第三，领导者群策群力地整合团队智慧开展业务的四项核心能力：业务规划、解决问题、经验萃取和复盘反思。第四，如何长远布局，发现和培养高潜人才，把组织发展和员工成长紧密结合起来。

倘若领导者的思想能够持续领先于时代，必然输出的是为组织发展确定与时俱进的愿景和蓝图。横亘在蓝图和现状之间的是各种各样的问题。因此，解决现实问题的能力是组织能力的重要构成部分，麦肯锡的七步成诗法、GE（通用电气）的六西格玛本质上都是不同版本的解决问题方法论。第三章探讨解决问题的底层逻辑。内容包括：确定问题的成功框架，群策群力逼近目标的过程框架，以及把解决问题能力作为一种基本职业素养在组织内普及，使解决问题语言成为一种内部沟通和协作的语言。

解决各种具体问题的同时，组织也必然积累很多具体的经验。如何从具体经验中萃取升华成解决某类问题的方法论，进而形成与业务发展同频迭代的动态体系，正是第四章要探讨的内容。成功组织有一个重要标志，那就是能向社会输出知识和方法论。很多人热衷于标杆学习，殊不知，标杆企业的方法论也是从其解决具体问题的基础上萃取升华出来的，而且从别人过往经验中升华的方法论未必能解决自己的问题和未来的问题。组织更应该注重把自己的最佳实践升华成知识和方法论，使组织在经营业务的同时，也经营知识；生产产品的同时，也生产方法论。这就需要组织把经验萃取和复盘反思作为基础能力进行普及,这两项能力实际上是体系化能力,体系是体系化能力的产物。僵化的体系甚至会限制组织的发展,只有用体系化能力动态迭代的体系,才能动态匹配持续发展的组织。

第五章直面传统培训的痛:培训不能有效促进员工改变的问题。传统培训的不足在于重输入而轻转化。传授知识不足以促成员工的有效改变,不能付诸实践的知识充其量是茶余饭后的谈资。课堂应该把重心放在帮助学员吸收转化上,而非知识的灌输上。本章重点讨论如何用科学的教学策略和框架把传统的知识推送式课堂改造为问题探讨式课堂,让教学在对话中进行,最大限度降低学员的认知负荷,提升感受和体验的比例,进而提升吸收转化率。课堂内容与工作需要的关联不紧密是培训效果不佳的另一大原因。大多时候,并非员工不需要知识,而是老师给知识的方式错了。课堂内容不是按知识结构而应该按照实际问题组织起来。课堂要敢于直面实际问题,在解决问题的过程中恰逢其时地给学生知识,知识才是及时雨。

第六章探讨组织学习如何助力组织变革与文化演进。任何变革都始于领导者的心智迭代,成于团队成员对目标愿景、方针路线高质量的共识,终于根植于团队成员内心深处的企业文化。业务模式的改变仅仅是变革中易被觉察的冰山上部分,而对人的重塑才是变革中不易被觉察的冰山下部分,这部分是决定变革成败的关键。如何高效率又高质量地重塑各级各类员工?我们在用友大学实践中发展出来的规模轮训,可以助力组织快速达成大范围的共识;而第五章所讲的重在转化的培训可以实现员工从知到行的深度改变。当然，还要用制度和文化锁定变革的成果，使员工能够内化于心、外显于行地彻底改变。

最后一章讨论组织学习的东方范式。企业既有追求利益最大化的经济属性，也有满足社会需要成为社会器官的社会属性；企业既是员工赖以谋生的手段，也是员工修行的平台。现代西方企业治理模式更关注企业的经济属性，一切活动紧密围绕利润最大化进行，而传统的东方文化则更加关注企业的社会属性，更强调在工作中修行。《大学》有言："自天子以至于庶人，壹是皆以修身为本。"稻盛和夫之所以能够在很短时间内再造日航，是因为他先用自己的经营哲学和修身理念（六项精进）实现了企业治理方式的范式跃迁，把管理层和员工的注意力焦点转移到自身修行上来，让他们深度认同修行的目的是让灵魂在走的时候比来的时候高尚一点。人的状态改变了，困难就不再是困难，问题就不再是问题，事业就顺利了。我断言：互联网时代将是企业治理方式向东方范式跃迁的时代，而这个过程中，领导者的职责和角色定位、组织学习负责部门的工作重心以及员工的职业观都要有很大的转变。对任何人而言，幸福和成长才是更根本的东西，而这种改变更加切合事业的本质，也更能促进员工的内在和谐。

以上就是本书的内容梗概。本书内容脱胎于我的"企业大学业务实务高级研修班"课程，该研修班已经举办了四期，来自中国石油、中广核、中国银行、中航工业、光大银行、清华继续教育学院、首都机场、南方航空、北方工业、阿里集团、小米集团、百度集团、方太集团、北京祥龙、诺亚财富、广州立邦、国泰君安、云南能投、拜耳作物、河南农信等近60家单位150余人参加。书中的每一章正好对应研修班的半天课，所以写起来非常顺畅，起笔就能把人带到课堂的情境中去，内容哗啦啦地流淌出来，每天写6000到10000字不成问题。突如其来的疫情打乱了我2020年的所有计划，不能出门讲课就只好猫在家里写书。40天时间里竟写完两本书近30万字，这一本聚焦组织学习的战略定位，解决"做什么培训更有价值"的问题，另一本《上接战略 下接绩效：培训落地新方法》聚焦培训要出实效的策略和方法，解决"怎样做培训才更有效"的问题，两本书自成套系。

感谢头四期"企业大学业务实务高级研修班"的学员们，书中很多内容都是在课堂上高质量的互动中与他们共创出来的，多人还热情地给本书写了推荐语。感谢我的团队和家人对我工作一如既往地支持。感谢时代光华的任宏博先生在本书出版过程中的支持。写书和装修一样，也是遗憾工程，不足之处还望读者海涵。我更渴望与读者朋友们建立良性互动，大家可以通过我的公众号"田俊国讲坛"给我留言，我们一起在实践中持续发展更加上接战略、下接绩效的组织学习东方范式。

别不多言，祝您阅读愉快。

田俊国
于北京

| 第一章 |
瞬息万变的当今时代,重新定义组织学习

换汤不换药:组织学习五大基本面始终不变 / 004

亟待改变:培训要促业务开展,也要促员工提高 / 010

系统制胜:以不变应万变的组织学习体系 / 015

与时俱进:不同发展阶段,打造不同重点 / 022

均衡发展:给组织学习水平做"体检" / 027

| 第二章 |
培养持续引领时代的领导者

遭遇困局:领导者的思想和风格双双跑输时代 / 038

持续学习:思想持续领先,才配当合格领导 / 042

风格转变:赋能领导者的三大标准 / 049

技能升级:打造动车组织的四项核心能力 / 052

布局长远:发现和培养高潜人才 / 057

| 第三章 |
复制普适的解决问题能力

头脑风暴：一场影响深远的务虚会 / 066

基本策略：群策群力地双框架逼近目标 / 072

定格问题：基于病构问题的"四定"策略 / 077

化解之旅：从创建方案到部署实施 / 082

灵活运用：解决问题能力是一种素养 / 089

业务设计：无非是系列待解决的病构问题 / 093

企业大学要做内部的麦肯锡 / 096

| 第四章 |
成为能创造和输出知识的企业

经营业务，同时也经营知识 / 104

生产产品，同时也生产方法论 / 108

经验萃取：快速复制最佳实践 / 116

复盘反思：找差距、找原因、找方法 / 127

复盘是最好的教学 / 134

| 第五章 |
深度学习促进员工有效改变

无效学习的通病：重输入而轻转化 / 141

有效改变背后的三股力量 / 145

转化框架：让学习重在改变 / 155

注重实效：有实效，才会有动力 / 161

直面问题：从业务中来，到业务中去 / 168

第六章
生生不息的变革与文化

主动求变：组织的核心能力 / 175

变革关键：始于心智，成于共识，根植文化 / 178

夯实变革的群众基础 / 181

规模轮训：高效推进变革 / 189

双向并举：用文化与制度锁定新模式 / 192

触动灵魂：文化要内化于心，外显于行 / 196

周行不殆，持续推行 / 199

第七章
学习型组织的东方范式

企业究竟为什么存在 / 205

领导者的角色定位与工作重心调整 / 212

组织学习部门负责人的五大角色定位 / 217

东方范式下的职业观 / 220

赋能型学习组织 / 227

参考文献 / 233

第一章

瞬息万变的当今时代，
重新定义组织学习

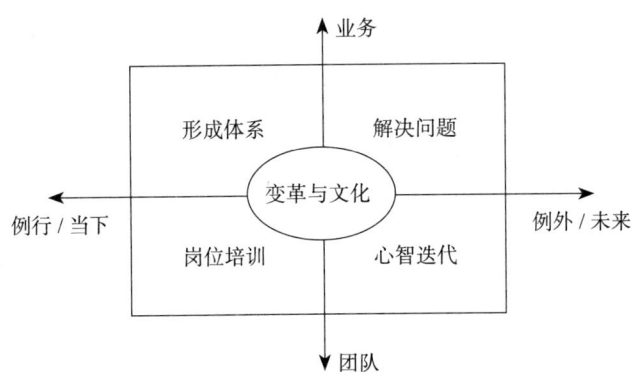

- 换汤不换药：组织学习五大基本面始终不变
- 亟待改变：培训要促业务开展，也要促员工提高
- 系统制胜：以不变应万变的组织学习体系
- 与时俱进：不同发展阶段，打造不同重点
- 均衡发展：给组织学习水平做"体检"

第一章
瞬息万变的当今时代，重新定义组织学习

如今，互联网正在用全新的方式颠覆性地重新定义各个领域，传统产业互联网化的进程势不可挡。奇点大学创始人雷·库兹韦尔和社会批评家杰里米·里夫金在他们的著作中都把当下的时代定义为范式转移（paradigm shift）的时代。

淘宝重新定义了购物，滴滴重新定义了出行，饿了么重新定义了吃饭，亚马逊重新定义了书店……仔细留心就会发现，现在几乎每个领域都在悄悄地被重新定义。

有人把这个时代喻为海盗时代，让绝大多数老板和业务部门总经理陷入焦虑状态。他们一方面努力思考着如何重新定义自己的业务，另一方面又要时刻警惕自己的业务被未知的竞争对手重新定义。

达尔文说过，那些在漫长的进化过程中活下来的物种，未必是最强大的，或者最聪明的，而是最能适应环境的。而适应环境最需要的能力是持久的学习力，事实上，负责打造组织学习力的企业内部培训工作并没有受到充分重视。

换汤不换药：组织学习五大基本面始终不变

遗憾的是，培训从业者在过去的10年间没有特别本质的改变，甲方的培训专员还是按部就班地办着各种各样的班，采购着各种各样的课；作为乙方的培训公司和咨询机构还在慢条斯理地做"课程贩子"和讲师经纪；职业讲师们还在不紧不慢且非常娴熟地讲着自己的课程……一切都没有改变。

一位在培训领域摸爬滚打十几年的朋友准备改行，他说："在甲方做培训除了花钱刷存在感之外，没有任何成就感；在乙方做供应商，除了贩卖讲师赚点差价之外，也没有任何成就感。十几年的培训工作让我开始怀疑人生！"

IBM（国际商业机器公司）曾做过一次面向全球CEO（首席执行官）的调查，结果显示，80%的CEO认为能力问题是制约企业发展的瓶颈。而在同一份问卷中，有65%的CEO认为企业当前的培训是无效的或者针对性不强的。很多年过去了，企业内部培训的五大基本面仍然没有大的改变。

基本面一：培训没有触碰企业战略和变革

很多企业的培训工作并未触碰企业的战略和变革。企业大学做的还是基础性的培训工作，目的是帮助员工或经理达到岗位能力素质要求。一般不涉及企业战略和变革落地等立足未来的发展性培训，这类培训能够促进企业战略落地和解决实际业务问题。

自2012年以来，我在用友大学就**坚持只做对整个组织有全局**

性、系统性、持久性影响的培训。每年结合集团战略转型的要求开发精品课程，开展规模轮训，用培训带动企业战略转型。

如何提升变革成功率和效率呢？在 GE 有一个公式：E=Q×A。E 代表变革成就，Q 代表决策质量，A 代表团队对决策的认同程度。关于这个公式有一个注解：90% 失败的变革项目都有一个质量很高的 Q，而其失败的主要原因是团队对目标缺乏认同。可见，人的因素是决定变革成败的关键因素。

变革成功的关键在于团队对目标的认同程度。我想这个 A 包含了两层含义：一是在意愿上，团队成员对目标深度认同；二是在能力上，团队成员能够跟得上。偏激一点也许可以这样理解：没有做不成的事情，只有做不成事情的人。既然如此，我想肩负组织能力提升重任的企业大学在 A 上将大有可为。

基本面二：培训不敢触碰企业的实际问题

第二个基本面是培训的内容做不到跟实际业务直接相关。企业培训的具体内容并不是基于业务开展中遇到的问题，而是基于外部热门的课程和讲师。外采的课程当然不会碰触企业自身的实际问题，内部的企业大学或培训部的专业实力又不足以开发出跟企业自身业务紧密相关的内训课程。问题是，在课堂上，学员常常用实用的事实标准挑剔讲师讲的每一部分内容。比如给销售人员讲课，老师从宏观经济分析讲起，按理说，这些知识也是有价值的（比如迈克尔·波特的五力模型），可是，学员看到第一单元讲五力模型，就会暗自忖度："这玩意能帮我签订单吗？能帮我回款吗？恐怕不能吧，那先开会儿小差，眯瞪一会儿再说。"一觉醒来，讲师讲到第三单元了，中间的第二单元也许很有用，但学员已经错过了。第三单元讲价值链理论，学员又思忖："这玩意能帮我签订单吗？能帮我回款吗？还是不能，那再开会儿小差。"等学员的心再回到课堂上的时候，讲师也许已经讲到第五单元了，这时候学员即便发现第五单元很有用，但因为前面的内容没好好听，跟不上了，于是就彻底放弃了。由此可见，一堂课只要有20%的内容针对性不强，就足以失去学员的全部注意力！

我认为**工学矛盾实际上是个伪命题**。这个命题之所以被提出，就是因为太多的培训内容与业务无关，使学习成为学员的负担。若培训内容直面业务问题，培训当然可以做到对业务的直接促进，何来工学矛盾一说？其实根本原因还是企业内训工作者专业水平不够，道行不深。

基本面三：业务领导不重视培训

包括公司 CEO 在内，几乎所有的业务部门主管在年度工作计划中，都会用相当大的篇幅描述能力提升计划。然而，在实际业务开展中，业务领导却鲜有把培训当成开展业务的手段、工作方式的。事实上，人才培养才是业务领导者最重要的工作和责任。领导者对下属成长的影响极大，而这一点却只有很少的领导者才能意识到，能做到的领导者更是凤毛麟角。GE 曾经对 300 多位高阶经理人进行过一项调查，其中 90% 的人认为对于他们工作上的成长贡献最大的是"曾在某处跟随某某人一起工作"。换言之，这些高阶经理人

第一章
瞬息万变的当今时代，重新定义组织学习

认为，从直接主管身上所接受到的指导与训练，才是他们成功的最重要因素。

我经常在领导力课堂上说，你的下属跟你工作多年后，离职时一定会对当你下属的这段职业生涯进行总结回顾。当他们回顾往事的时候，如果有"因虚度年华而悔恨，因碌碌无为而羞耻"的感觉的话，那么，作为领导者，你负有不可推卸的责任。**真正有责任感的领导者不仅对业绩负责，更要对员工的成长负责。**

基本面四：课堂依然是说教模式

几乎所有人都能观察到一个现象：培训的课堂很热闹，但课后的效果不明显。要把培训的成功体现在行动和绩效上简直太难了。问题出在哪里？经过调查研究我发现，主要问题出在"教"和"学"的脱节上。传统的课堂是以知识输入为主，讲师准备了大量素材，在课堂上侃侃而谈，学员被动地接受，没有机会练习。讲师天真地以为学员会在课后练习，殊不知，**学员当堂都没有感觉，课后怎么可能会去运用呢？**

我经常举一个例子，讲销售拜访的几个步骤的时候，讲师在台上满口白沫地一个一个讲解，非常辛苦，最后还叮嘱学员："你们下去再琢磨琢磨。"下课后有多少学员会按讲师说的去做？可能不到十分之一。就算有个别认真点的销售员决定去拜访客户时试一试，他一路上默念步骤、鼓足了勇气去敲客户老总的门，尝试用讲师教的套路跟客户老总对话，岂料客户根本不按讲师教的套路来，销售员一下子就慌了，他不会怀疑是客户的问题，而会怀疑是讲师

讲的套路太理论化、不适用。

就这样，仅有的火种也熄灭了，这次培训的效果接近于零。所以我一向主张：讲师应该努力在自己能控制的范围内要授课效果，那些让学员下去自己琢磨、练习，试图在自己不能控制的环节要效果的培训注定是徒劳的、自欺欺人的。

培训的课堂应该要求学员反复练习，不给学员太多的内容，而要让学员把"学"和"习"接轨，让学员在课堂上对各种可能出现的状况都加以演练，直到学员有强烈的意愿和十足的信心，我们才有理由相信他们会在工作中应用。

基本面五：不能沉淀出组织智慧

曾经有一位企业大学校长跟我交流，谈到培训预算问题与外部采购课程的问题，他说他们每年有上千万元的预算，其中有一小半用于采购外部优秀课程。我反过来问他："你每年花了组织那么多钱，请问为组织沉淀下来什么无形资产了吗？"他回答说这些能力都带到各级员工身上了。但是，员工稳定吗？最终又真正为组织沉淀了些什么？

我有一种直觉：如果企业大学的定位不高，有一天很可能会因为组织感受不到其价值而被取缔。对于任何组织来说，创造价值都是最基本的使命，没有价值或者价值不大，组织的处境就很危险了。

我认为，企业的内训部门一定要把经验萃取和形成自己的方法论作为工作重点来抓。GE克劳顿维尔的教授谈到方法论时曾经说：

第一章
瞬息万变的当今时代，重新定义组织学习

"在 GE，尽管我们不知道明天会遇到什么挑战，但是无论遇到什么挑战，我们都有应对它的方法。"麦肯锡年轻的顾问能为世界 500 强企业做高端咨询，是因为他们有一套自己的方法技能；世界 500 强企业的 CEO 中大约三分之一的人有在 GE 的从业经历，是因为 GE 沉淀了诸如群策群力、六西格玛之类的方法技能，而这些方法技能让他们培养出来的经理人能够适应各种复杂的经营环境。

所谓**方法技能**，就是解决某类问题的一套框架流程和工具的集合。方法技能是组织智慧的核心，是百年基业的真正基础。有丰富方法技能沉淀的组织才是经得起历史考验的组织。方法技能的总结需要一个去背景化的抽离过程，萃取方法技能如同盖房子事先做好预制板一样，正是为了遇到类似情境时能做到快速反应。我认为，我们最应该向西方学习的是抽象模型和总结方法论的技能。

一切源于从业人员不够专业

有意思的是，五大基本面背后的原因只有一个，就是从业人员不够专业！五果一因！有一回我在课堂上做了个调查，我问：在座的有多少人系统地学习过认知心理学？现场上百人几乎全是当老师的，可遗憾的是，举手的不超过 5 人。我点评说：我不否认，在中国当老师的人都非常好学，大家都深知博览群书才能讲好课的道理，但遗憾的是，大多数人并不去读最应该读的书。近年来，人类借助核磁共振、PET（正电子发射型计算机断层显像）等科学手段，对大脑的研究取得了空前的进展。遗憾的是，教育工作者很少把这些研究成果用于教学实践中。打个比方说，不研究脑神经科学、认

知心理学和教育心理学,光凭自己的伶牙俐齿和多读了几本书来授课,简直相当于要织一双手套,却不知道手长什么样子。

有经验的老师通常能吸引住学生大部分注意力,说评书、相声的老艺人也能借助自己的生动表达牢牢抓住观众的注意力。没经验的老师常常会采用很单一的形式向学生传输信息,学生的注意力很快就失去焦点了。而今的课堂,跟老师争夺学生注意力的竞争对手极多:微信、微博、游戏……一不留神,学生就开小差了。要把课讲好,就要深入认知心理学和脑神经科学,要了解大脑的运作原理和各个器官的配合机理。好的教学策略就是要学会给不同器官以不同方式的刺激,从而牢牢抓住学生的注意力,促进其对信息的吸收和转化,进而促进学生付诸行动。

亟待改变:培训要促业务开展,也要促员工提高

我经常开玩笑说,企业的培训工作者还没来得及补上专业的功课,就迎来了互联网的挑战和冲击。谁都知道要改变现状,但具体操作起来似乎又是"老虎吃天,下不了爪"。

改变培训效果的抓手在哪里?20世纪80年代,杰克·韦尔奇重振GE克劳顿维尔的经历,会对我们有些启发。

他靠什么赢得杰克·韦尔奇的信任

我认为在组织能力提升方面,全世界最好的标杆就是杰克·韦尔奇时代GE的克劳顿维尔。我对克劳顿维尔的关注源于用友大学

成立时，董事长王文京先生描绘的一个愿景：要做中国的克劳顿维尔。于是我就成了GE迷，有关GE人力资源和培训的书籍我读了几十本，像考古一样，我从这些书的碎片信息中大概拼接出GE的培训是怎么开展的。我还亲自去GE的克劳顿维尔考察过，回来以后，发微博说：全球企业大学的唯一标杆就是GE的克劳顿维尔，企业大学校长的最佳标杆就是1985—1987年辞去密歇根大学教授职务担任克劳顿维尔负责人的诺埃尔·蒂奇。杰克·韦尔奇刚上任就大幅收缩战线：变卖业务、压缩预算、裁员，所以当时的人称他为"中子弹杰克"，讽刺他的不作为。与之形成鲜明对比的是，他在克劳顿维尔的重建上却很舍得投资。扩建克劳顿维尔的报告呈到杰克·韦尔奇的办公桌上时，杰克·韦尔奇看着报告后面的投入产出分析，画了一个无穷大的符号，认为产出毋庸置疑。可见这件事在杰克·韦尔奇心目中的重要性。而诺埃尔·蒂奇正是杰克·韦尔奇精心物色的克劳顿维尔负责人。

2014年5月8日，我有幸与诺埃尔·蒂奇有过一次四小时的会谈。谈话中我问了他一个问题："您当年是凭什么说服杰克·韦尔奇这种有着火眼金睛的人聘请您当克劳顿维尔负责人的？"显然，我的问题打开了老人的话匣子。老人兴致勃勃地给我画了一张图（见图1–1），并解释说："我当时给杰克·韦尔奇画了这个坐标系，纵坐标指培训对组织的价值体现，可以分为四级，分别是帮助个体提升工作能力、提升团队作战能力、提升业务展开能力，以及对组织战略落地有贡献。横坐标则是指学员对所授内容的掌握程度，分别是了解、理解、应用和熟练应用（精熟）四级。我问杰克·韦尔奇'GE的组织能力提升现状在什么位置',杰克·韦尔奇不好意思地在左下角画了一个圈。我问他想不想把这个圈转移到右上角,杰克·韦尔奇眼睛都亮了,回答说当然想。我说我有办法。"

诺埃尔·蒂奇的办法就是行动学习。

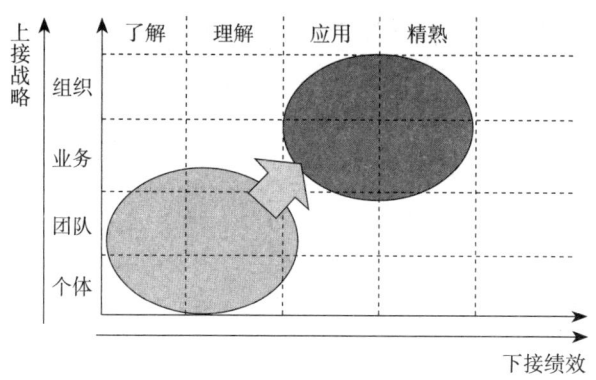

图1-1 培训工作的价值矩阵

此前GE的培训也是请美国各大院校的教授上课,讲一些前沿理论启发管理者思维,然后把这些内容纳入培训体系。而诺埃尔·蒂奇上任第一件事就是焚烧几千页的以理论宣贯为主的培训体系。取而代之的是用行动学习的方式改造了的学员深度参与式的课程体系。诺埃尔·蒂奇挑战了一个培训的重大假设——培训不需要灌输知识,而是一上来就聚焦问题,解决问题的过程中会遇到阻力,这更能激发大家的学习欲望,这时候给出的知识才是学员需要的。

后来克劳顿维尔的培训项目都是问题导向的,让学员用行动学习的方式研讨组织中的真实问题,之后分组汇报。汇报时由资深高管进行点评,让学员在解决问题的过程中学习相关知识,同时培养

第一章
瞬息万变的当今时代，重新定义组织学习

他们解决问题的方法和思路。杰克·韦尔奇的秘书曾经说过，他们把当时难以解决的问题都放到克劳顿维尔的课堂上解决；杰夫·伊梅尔特也曾经说，在杰克·韦尔奇年代，GE的重大战略都是在克劳顿维尔的课堂上制定的。杰克·韦尔奇在自传中提到："蒂奇的行动学习概念是贯穿始终的核心教学方式，该方式要求面对真实的企业管理问题进行探讨和学习。"

诺埃尔·蒂奇的主张和我第一本书《上接战略 下接绩效：培训就该这样搞》的主张是不谋而合的。这个坐标系的纵轴就是上接战略，横轴就是下接绩效。**上接战略强调的是培训对组织的贡献，下接绩效强调的是培训要让学员发生实实在在的行为上的改变。**

我认为这是组织能力提升的根本。无论组织能力提升的现状是什么、侧重点是什么，终点都是做到这个坐标系的右上角，即对组织战略落地有贡献，让学员有实际的积极改变，学以致用。也许我们的培训现在还做不到，但必须明确最终的理想目标。**只有很清楚自己的最终目标，才能永不停歇地朝着最终目标迈进。**自我从GE考察回来，就一直心无旁骛地向心中理想的企业大学目标迈进，从那以后，我参加所有的培训或能力提升论坛都是只要讲完，扭头便走，不再横向学习，因为我心中的既定目标和路径非常明确。

后来，在我的第二期"赋能型企业大学校长研讨班"上，有学员提出这张图的纵轴对组织贡献维度还可以增加一阶：塑造文化；横轴对员工塑造维度也可以再增加一阶：创新。这样的话，横轴刚好对应了布鲁姆教学目标分类体系的五个层级。

靠什么应对连年增长的绩效指标

组织发展好比走路，总是两条腿交替着前行的。如果说当期绩效是迈起来那条腿，那么，到年底，当期绩效就变成了经营年报上的数字，就成为历史。新一年的组织绩效能否持续，就要看即将迈起、当前还踏在地上的另一条腿。这条腿代表着团队的精神状态、能力、方法套路、新产品研发、客户满意度等。组织能力是为组织长期发展服务的重要不紧急的大事，是诗与远方。同理，家庭的子女教育是为家庭的未来考虑的，但如果穷得连饭都吃不起，孩子就别上学了，先活命要紧。假如组织只经营一年，完全没必要搞培训，省下的培训费用都是利润。

假如明年的业绩要增长30%，首先要考量一下团队能力有没有同样或者更大比例的提升。组织能力提升是冰山下的工作，付出的努力并不能完全体现在当期的业绩提升上，也不能完全体现在当期的财务报表上。有的人为了讨好老板，非要算出培训对组织ROI（投资回报率）的贡献。这个账可以算，但是算出来也没人信，因为中间拐的弯太多。

培训是作用在人身上的，着力点在人的改变，至于人的改变对组织绩效有什么贡献，中间还有多重因素：人会不会被重用？能不能留得住？甚至健康状况等都会产生影响。没有必要把培训工作掰弯去迎合年度业务指标。如果培训负责人一定要把自己的努力体现在当期绩效上，那就别做能力提升的工作，做业务去好了。

所以培训负责人要能沉得住气，耐得住寂寞，做好长期打算。十年树木，百年树人，今年的努力也许五年后才能看到效果。组织能力提升是未来组织的远期绩效。紧贴业务也要适可而止，如果做培训做到亲自帮业务做事，就矫枉过正了。孔子说"不在其位，不谋其政"，老子说"不失其所者久"，为了贴近业务而失其本位，就会过犹不及。

有的组织把能力提升简化成采购课程，每年都花很多钱请外部培训。靠外力才能推动的组织学习就像没有引擎的飞机，固然能轻松一时，但也同时把内部培训人员锻炼和成长的机会拱手相让了。挑战性工作不仅是业绩增长的需要，更是精英员工自身成长的需要。

稻盛和夫主张把工作当成修行的道场，我想，也唯有在工作中持续修行，才能保证自身能力成长的速度大于环境变化的速度。组织能力提升部门中专职员工**学习成长速度一定要远大于社会和组织内部人员的平均成长水平，才有资格持续工作**。我常用水塔来比喻专职讲师的学习。村子里的自来水塔要比全村最高的楼还高，才能保证每家每户都吃上水。**专职讲师的学习速度要远大于组织的平均学习速度，才有资格持续当讲师**。任何组织都要不遗余力地打造自己的内训师团队，把内训师打造成既懂业务，又会培训的"造血干细胞"，组织才会有可期的未来。

系统制胜：以不变应万变的组织学习体系

前面说到企业内部培训工作欠下一堆旧账，以至于总经理和业务部门对培训不抱什么希望，培训主管自己也极度缺乏成就感。同时，互联网时代竞争环境的高度不确定性和员工价值观的多元化及空前高涨的自我实现诉求又对企业培训工作提出了新的要求。一位企业大学校长向我请教他的培训预算应该怎么花，他感觉业务部门很多，培训预算又少，常常顾此失彼，闹得内部矛盾很大。我回答说，表面上看，这是培训预算该怎么花的问题，而实际上是培训部门应该做哪些工作才能创造更大价值的问题。赵本山的小品里说，"猫走不走直线，完全取决于耗子"。外部环境快速改变、企业战略迅速转变、员工越来越难管，企业培训必须做出相应的改变才能适应形势。确实是时候认真讨论一下组织能力提升这项重要工作的战略定位和战术打法了。

做事有套路，从解决问题到形成体系

概而言之，组织的工作无非人和事，而事都需要人做，所以人更根本。所有的事，又可以分为例行的事情和例外的事情两类。在一个成熟、健康的组织里，例行的事情应该有既定的体系、制度和方法论来支撑，就像国家靠法律法规治理一样。例外的事情是以前没碰到过的新情境、新问题，在现有的制度体系之外，这就是要解决的问题。显然，新战略的制定、新业务开展、经营中特殊问题的解决等等，都需要摸着石头过河，根据实际情况权变决策，探索出新的模式。一旦新的模式被证实是有效的，事后又可以用复盘的方式萃取组织经验，将其升华为方法论纳入体系，例外的事情的解决方法逐步演变成理性的照章办事。当然，随着时间的推移，原来例行的一些制度体系也有可能不合时宜，需要更新迭代。任何组织的做事方式都是这样发展迭代的：遇到新问题按解决问题的方法探索可行的解决方案，实践有效的解决方案可以通过复盘萃取成方法论，以后再遇到类似的问题直接套用现成的方法论，不合时宜的方法论在实践中逐渐被更新迭代。

鲁迅说，地上本没有路，走的人多了，也便成了路。组织经验萃取的本质是在经验中学习，把个别人或者局部业务单元的最佳实践，通过群策群力的方式进行有意识地加工提炼，形成可复制的方法和模式，进而在组织内规模复制这些方法和模式。

在复杂多变的商业社会，**没有人保证能永远把握住机遇，没有人保证能永远不犯错误，关键是如何在经验中学习，不断提升自己的心智模式，持续提高自己对环境的适应能力。**不要轻易放过任何一段经历和经验，如果能够持续从业务实践中萃取未来可以复制的模式和方法论，并以最快的速度在组织内复制，组织将无往不胜！

育人有章法，从心智迭代到技能升级

事都是人做的，那么就可以按处理例行或例外两类事情来划分组织中的人。普通员工是按岗位职责照章办事的人，领导者则更多致力于解决各种例外的问题。

传统组织中对人的假设是工具假设，劳动力是最重要的生产资料，人只是完成某项任务的工具，因此，这种假设需要组织事先把人的岗位职责定义清楚。员工培养的全部内涵就是把达不到岗位能力素质要求的员工培养成为能够胜任某个岗位的合格员工。这种培训就是所谓的职业化塑造，其背后的基本假设就是岗位的要求是不变的，人的能力跟不上岗位的要求，所以需要培训。而在商业环境快速变化的今天，组织必须适应性地持续快速转型才能生存和发展，而组织的转型对人的要求当然也在动态地改变。再说，随着智能时代的来临，凡是人作为工具，完成明确任务的工作迟早会被智能机器人取代。因此，在未来的组织里，人作为工具的假设将逐渐变得不合时宜。为适应未来商业环境，我认为，在组织能力提升上，传统的以岗位能力为中心的职业化塑造部分培训的比例应该战略性下调。

而专门处理各种例外的领导者们更需要与时俱进。我认为，组织能力提升的重中之重在于各级领导者的认知迭代。领导最重要的特质是要有前瞻性，能够把握趋势，引领团队朝着宏伟目标前进。而在整个世界迭代速度升级的今天，试问，有多少领导者的思想走在了时代的前列？

史蒂芬·柯维说创造分为两个过程：首先是心智创造，其次才是实践创造。**而组织发展的发动机在于领导者的心智创造能力。**任何伟大的变革都是从最高领导者的脑海开始的，企业转型的本质是领导者转心。互联网时代组织能力提升的一个重要课题是：如何帮助各级领导者转型，使他们的认知水平领先时代并能持续快速迭代。

业务变革与文化重塑贯穿始终

组织的变革始于最高领导层的内心，最高领导层一旦决心改变，便要如老虎一样雷厉风行。而中间层则要像豹子一样刚柔并济,善于权变,既要深刻领会战略意图,又要根据业务实际变通转化。至于基层员工,只要换一种做法就可以了。

我认为业务设计和推动变革是未来组织的必修课。传统组织不用很高频率地提战略和变革,由高层制订一个五年计划,慢慢执行就好。在商业环境快速多变的当下,组织要生存和发展必须能够做到:

第一,根据环境变化快速设计或调整自己的业务策略;

第二,在组织内部快速推动变革,达成最广泛的高质量共识;

第三,从局部实践中萃取模式和方法论,并快速在组织内复制;

第四,对业务推进过程进行复盘,进而迭代调整业务策略。

以上四个步骤是首尾衔接的循环,我称其为"互联网时代业务快速迭代循环"。而未来组织的发展最重要的事情是形成并维持这个头尾相接、循环往复的变革。

同时,谈变革必然涉及文化。文化和变革的关系实在是非常微妙。如果组织有拥抱变化、与时俱进、富有活力的文化基因,变革会像顺水行舟一样容易推进。因此谷歌公司说,**我们的文化塑造了我们的战略,而不是战略塑造了文化**。恰恰是因为他们尊重个性、崇尚创新的经营文化逐渐演变出他们的战略。反过来,文化变革也是变革的重要部分,文化的改变伴随着变革的整个过程,新模式替代旧模式的同时,组织的文化也要迭代更新。

文化可以说是组织的基因,有什么样的组织就有什么样的文化,什么样的文化成就什么样的组织。系统论中说:一种成功的模式被大规模复制，系统从无序走向有序。组织要想持续成长而不失其本色，必须让企业文化在组织中的每个人身上得到成功复制。IBM成功转型，做到了"让大象跳舞"。郭士纳认为IBM转型的成功归根结底是IBM人的重塑成功。海底捞也把自己的成功归结为"造人"的成功，这些都足以证明在商业成功的背后离不开优秀组织文化的支撑。而文化的传承与发展，显然是组织能力提升的重要工作。

推动组织能力提升呈螺旋式发展

把以上这些方面综合起来就形成图1-2的坐标系。横轴是时间轴，组织总是立足当下，面向未来的，当下的事可照章办理，未来的事需权衡摸索。领导者多为未来的事负责，所以要持续心智迭代，把握趋势、引领团队，要确保自己走在时代的前列；而基层员工则需要不断掌握新业务模式所需要的基本技能，按新的模式和方法做事。

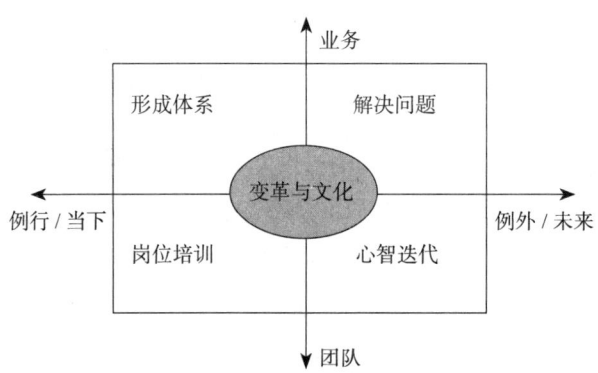

图1-2 组织学习的动态体系模型

不难看出，这个坐标系也是螺旋迭代的。循环的起点在第四象限，即组织的发展发端于最高领导者的内心。伟大的变革总是从

第一章
瞬息万变的当今时代，重新定义组织学习

领导者的认知革命开始的。英特尔的安迪·葛洛夫因与戈登·摩尔的一席对话而顿悟，于是断然决定卖掉其赖以起家的存储业务，开启了英特尔称霸 CPU 市场几十年的历史；GE 的杰克·韦尔奇受彼得·德鲁克一个问题的启发，使整个 GE 奉行了"数一数二"的战略原则长达 20 年。领导者的心智迭代是组织学习的杠杆中离支点最远、力矩最大的工作，最高领导者的认知改变一点，整个组织的命运就可能完全不同。所以，组织能力提升工作中最难，却也最重要的就是领导者的心智迭代工作。

领导者指明了新的业务方向，如何达成新的战略目标就是待解决的问题（在第一象限）。面对新问题，组织没有现成的方法和套路，只能边探索边调整，业务设计和变革同时进行。这就是前文论述过的业务快速迭代循环，这个循环隶属于组织发展的大循环。组织能力提升工作的次重点就是协助战略设计和推动变革落地，当然也会涉及组织文化的更迭。

这就自然循环到第二象限，把新业务开展的最佳实践萃取升华成模式和方法论。百年基业组织的共性是凡事都有自己的方法论，方法技能才是组织智慧的核心，麦肯锡就是凭其独有的方法论生存，客户的问题可以五花八门，而麦肯锡总能用解决问题七步法从容应对。我认为组织能力提升部门应该成为组织内部的麦肯锡，持续提炼组织内部的方法论，并为各个业务部门提供咨询。无论业务部门遇到什么挑战，都可以用方法论为其提供帮助。而组织的治理系统可以理解为各类方法论的集成。

最后，回到第三象限，就是传统的员工岗位技能的提升，目标

是培养能够胜任某项既定工作的合格员工。这项工作大部分组织能力提升部门都做得很好，而问题是这部分工作做得再好都不足以发挥组织能力提升部门的战略价值，把新员工、新经理的常规培训做到极致，对整个组织的快速与健康发展影响也不会太大。

至此，组织学习的循环就形成了，始于领导者的心智迭代，终于岗位技能在员工层面的规模复制，可以理解为一个业务周期的组织能力提升。当然，随着时间的推移，原来的模式又会不合时宜，于是必须发起新一轮的变革，依然从领导者的心智迭代开始，终于岗位技能在员工层面的规模复制，新的变革又必然意味着要舍弃部分旧的模式和文化，因而变革和文化始终伴随着整个过程，周而复始，循环无端。

与时俱进：不同发展阶段，打造不同重点

任何商业从发生到发展，再到鼎盛，最后到退出历史舞台，背后是有生命周期的必然规律的。由生到盛，再到盛极，就像一条抛物线。拉姆·查兰说，每一个领导者的办公室都应该挂一幅抛物线图。日中则昃，月满则亏。盛极必衰的客观规律几乎没有人能幸免。问题出在领导者们常常把握不住节奏，贪图享受成功的成果而错失了最佳的变革时机。历史学家汤因比说：没有什么事比成功更失败了。他研究了大量的史实发现，今天的成功是战胜了过去的挑战而赢得的，面对今天的挑战，过去的成功经验不再有效，过去成功的举措现在却会导致失败。《周易·系辞下》云："几者动之微，

吉之先见者也。君子见几而作，不俟终日。"组织能力提升工作也要见几而作，根据业务发展所处阶段的不同而不同。经营商业组织就像弄潮，要抓住每一波商业浪潮才能确保基业长青，稍有闪失，错过一波行情，就有可能一蹶不振。

酝酿期：心智迭代，走出舒适区

业务发展的每一浪都像抛物线，实际上，前一浪的顶点就是酝酿下一浪业务的最佳时机，姑且称这段时间为酝酿期（如图1-3）。当下业务春风得意、如日中天的时候，也恰恰是领导者们进行新一轮业务布局的时候，所以领导要始终保持灵敏的嗅觉，稍有懈怠，躺在功劳簿上打个盹儿即可能错失新业务布局的良机。

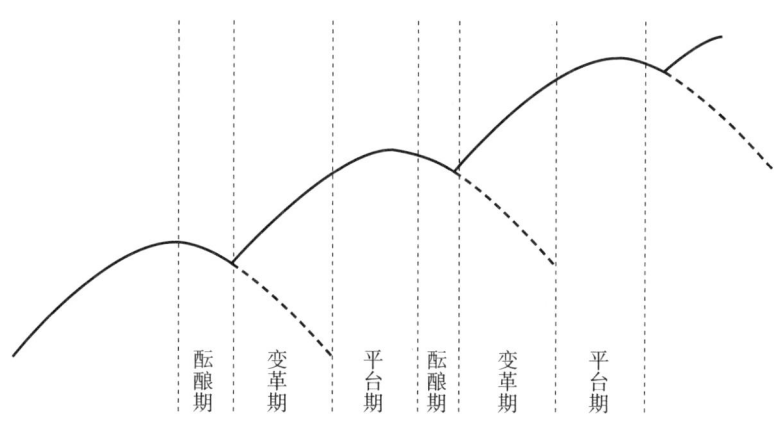

图1-3　业务发展的不同阶段

酝酿期组织能力提升工作的重心就是领导层的心智迭代，策略就是要把领导层从享受成功的舒适区中拖出来，让他们意识到危机，酝酿下一轮变革。变革的第一步常常在领导者的脑海内进行。

任正非是一个很有危机意识的领导，他整天担心着华为的衰败，并把危机感传递到中基层。正因为如此，华为才能够不失时机地把握住每一个发展机遇，得以持续健康发展。这就又应了《周易》否卦里的另一句话："其亡，其亡，系于苞桑。"越是有危机感的人，越会用心，反倒不会灭亡。

除了危机感，还要帮助领导者开阔视野，把握大局。实际上，前瞻性是领导者最必要的特质，前瞻能力中的一部分是很难培养的，但另一部分却是可以有所作为的。比方说，马云早年还是大学老师的时候，在美国首次体验到利用互联网能够搜索到企业的产品和服务，他兴奋地搜索中国的企业，结果让他扫兴，因为那时候中国还没有互联网。于是他决心回国发展中国黄页，要让中国企业的产品和服务也能够在互联网上被找到。当然，他的中国黄页并没有做成。他的梦想后来演变成"让天下没有难做的生意"，最终成就了阿里帝国。可以说，阿里的成功很大程度上要归功于其理念大幅度领先于时代。甚至有人说：**当你提出商业模式的时候，如果没有人骂你是疯子，也许是你的商业模式还不够领先**。诺基亚在传统手机市场上如日中天的时候，乔布斯在悄悄地定义智能手机，苹果的成功首先是思想理念远远领先于时代。

前瞻特质很大部分是先天的，但更重要的是，要帮助有前瞻特质的人打开眼界，给他们的大脑足够的输入，让他们凭自己的智慧创新。**世界上最悲催的事情是把聪明人困在无聊的游戏中，任其慢慢变老。**

所以，业务酝酿期组织能力提升工作的重心是让领导者走出舒适区,树立危机意识,打开视野,把注意力从当下的成功中转移到探索更多、更大的可能。当然还有一个更重要的工作是用群策群力的方式为未来组织描绘新的愿景,共创新的战略。

变革期:打破旧模式,建立新平衡

变革期首要的任务是把高层领导者认知迭代的最新版本在全体范围内传播,达成最大范围的高质量共识。要帮助更多人走出舒适区,对组织的愿景和战略目标达成共识,帮助关键人物找到自己深度支持变革的理由。人人都抗拒改变,因为改变是痛苦的。但正如弗兰克尔所认为的,一旦找到意义,痛苦就不再是痛苦了。

打破旧模式,走出舒适区,建立新平衡对每一个变革参与者而言都不是一件容易的事情。处在舒适区的人们会感受到寻常的幸福感,以及低焦虑和低压力的状态。而变革意味着放弃娴熟的旧模式来适应新模式,这个学习过程无疑是痛苦的,不仅需要不断强化人们对新愿景的憧憬,树立对新模式的信心,还要持续消除旧模式的抗阻。如果我们不能凭借坚强的意志去开辟新的未来,必然会被旧情感和旧习惯拖回舒适区。

每一次战略转移必然导致组织能力的结构化改变,**每一次变革都意味着和过去决裂。但唯有变革,组织才能持续发展,员工才能持续成长。**组织能力提升工作在这个阶段可以做的事情很多:如何制造紧迫感?如何集思广益提高决策质量?如何在最大范围内形成高质量的团队共识?如何帮助员工适应新的业务模式?这些问题都可以用培训的方式开展。

我认为组织能力提升部门必须走在企业变革的最前列，而不应该把自己定位成按照岗位能力素质模型培养普通员工的部门，静等变革完成、新的员工能力素质模型固定，然后再来培训员工，使其达到新的岗位能力素质要求。企业内训应该紧密围绕业务的开展进行，不能被动等待业务部门的要求和上级部门的安排。

平台期：形成体系，规模复制

有套路的行为才是可复制的行为。 到了组织变革中后期，组织能力提升工作的重心就应该转移到组织经验萃取、抽取方法论并用规模轮训的方式将这些有价值的模式和方法论以最快的速度复制到全局。

比如我们经常把业务精英们组织在一起，邀请每个人分享自己的最佳实践，并从中萃取有价值的"营养元素"，萃取出关键成功要素，再用平衡轮让每个参与者查漏补缺，制订改进计划。通过主题研讨、最佳实践分享、萃取关键成功要素和平衡轮等行动学习工具的有机组合，实现对组织最新的最佳实践进行挖掘，并在全组织内复制的目的。这项工作可以持续迭代进行，只要团队里有最佳实践，就可以进行经验萃取，把局部最佳实践总结成模式和方法，再开发成课程，培养其他团队成员。

平台期对组织而言是收割期，要把前期的投入收回，还要抓住机会尽可能地创造利润，这就要求大规模复制合格的适应新业务模式的基层员工。其中很重要的课题是如何让学员参加培训的吸收转化率更高。

第一章
瞬息万变的当今时代，重新定义组织学习

人的改变是一个复杂而系统的工程，仅仅明白道理不足以引发人改变，而情感和习惯在促人改变中占有更高的权重。比如人人都懂得行人横穿马路是很危险的，但就是禁不住要横穿马路，因为在欲望、习惯和情感面前，所谓的道理总显得苍白无力。倘若要让行人产生彻底的改变，恐怕还要驱动其右脑，怎么驱动呢？让习惯横穿马路的人看交通安全宣传展，展厅里放置交通事故后惨不忍睹的照片……给右脑输入了这些照片之后，人们真正改变的概率会大大提高。

这就要求组织能力提升部门要用更专业的方式，更高效、更有针对性地促进学员改变，而这一点确实是培训从业人员的软肋。过去几十年来，人类对自身的研究有了很大的突破，比如左右脑的发现、建构主义的教学主张、对情绪的深度认知、人类思维的逻辑层次、社会心理学的研究……而把这些研究成果应用到教学实践中去，会释放出巨大的能量。

研究人类认知本身的规律，并利用这些规律提高人们认识自然和改造自然的水平和效率，是最有意义的事情。把教育学、心理学研究的最新成果和企业内部培训的实践结合起来，用最先进的理论指导实践，在实践中检验和丰富理论，对我们来讲是很有意义的事情，它能调动我们几乎所有的内在动力。

均衡发展：给组织学习水平做"体检"

在我的"企业大学业务实务高级研修班"课堂上有一份作业，

就是要求参加培训的学员对自己所在组织的组织学习五个方面的资源投入及实际效果做个评估,并根据评估结果制定组织学习工作的改进策略(见表1-1)。课堂作业呈现的结果表明,绝大多数组织的学习是发展不均衡的,而这些不均衡恰好反映了组织学习工作中存在的典型问题。

表1-1　组织学习五方面资源投入评估与改进策略

工作内容	投入比重	效果评分	目标评分	改进策略
心智迭代				
解决问题				
形成体系				
岗位培训				
变革文化				

症状一:好高骛远,思想超前,行动滞后

领导者的心智迭代非常重要,所以很多组织愿意把钱花在各级领导者身上。某企业的老板非常重视自己的提升,每年不在这方面花上百万就觉得对不起自己。而他的企业大学校长却非常痛苦,向我倾诉道:"我最害怕老板外出学习了,今天学这个,明天学那个。只要他学习回来,公司的战略就要改变,我们培训的重点和方向也要改变,弄得整个公司鸡飞狗跳。老板还老批评我们悟性太低,执行力太差。中层和基层又都抱怨公司变化太快,跟玩过家家一样,朝令夕改,没有常性。"

领导者的心智迭代太快,很容易好高骛远,不切实际地进行决策，进而造成执行团队和领导团队的背离，领导者抱怨下属执行力太差，下属抱怨领导者变化太快。

管理大师詹姆斯·马奇提出组织很容易陷入失败陷阱。何为"失败陷阱"？领导者急切地寻求突围，推进组织变革。而下属团队要领会并在工作中贯彻新政则需要一个过程，新政从实施到见效也需要一段时间。急于求成的领导者在短期内看不到新政的实施效果，就误认为新政是决策失误，再次改弦易辙，匆忙推出更新的策略，结果可想而知。当组织长期陷入失败陷阱时，员工会对政令的频频改变感到厌倦，去年的策略还没完全领会，今年又变了。久而久之，员工索性不作为了，因为做了也白做。

组织陷入失败陷阱的原因可能有两种：一种是确实因为失败的决策，不得不中途叫停。另一种更可能的情境是决策本身没错，问题出在团队成员对决策不理解、没有达成共识上。成功常常属于那些踏实执着而不一定太聪明的人，太聪明的人有时会缺乏执着劲儿，而浅尝辄止。治大国如烹小鲜，动不动就改弦易辙，折腾太多反倒容易贻误战机，内耗过大。

症状二：单点突破能力强，缺乏体系，难以复制

有的组织最高领导者个人能力极强，他信任的干将也都是实战派，特别重视解决实际问题，无论遇到什么挑战，总能做到逢山开路，遇水架桥。解决问题能力很强的领导，很容易忽视体系建设。但问题是，个人解决问题的能力很难上升为组织能力。我接触过很多个人能力超强的领导，因为自己能力强、效率高，往往会忽视组织的体系建设，那些搞体系建设的人在他眼里被看作是务虚。除非解决问题能力成为建立在组织层面的、普遍复制到员工身上的系统能力，否则，靠中高层领导者个人的解决问题能力经营企业，组织的发展过分依靠领导者个人，企业将很难规模发展。

症状三：体系僵化，组织缺乏应变弹性

有的组织从开始就把体系看得太重，认为要依靠一套完整的体系治理自己的企业。刚刚成立的企业大学的校长总喜欢向我请教培训体系应该怎么搭建。我说："你所谓的体系不就是一个培训菜单吗？用不变的培训菜单培养身处复杂多变的商业环境中的员工，你认为合适吗？"

我早就提出过"以岗位胜任力模型为中心的培训模式将会破产"的论断。因为岗位胜任力模型有一个基本的假设，那就是岗位的要求是不变的，人的能力跟不上岗位的要求，所以要进行培训。而在环境快速变化的今天，处在竞争前沿的企业，业务持续不断地快速转型，对岗位的要求也需要与时俱进，动态改变。

互联网时代的组织更应该辩证地看体系。确实，缺乏体系，组织能力不能大规模地复制，同时，也要意识到体系必须是与组织战略和变革一起联动的动态体系。我经常强调，体系是攒起来的，而不是一蹴而就地拉菜单式地规划出来的。组织只需要不断地解决业务开展过程中的问题，不断从成功的经验中萃取出知识和流程，用体系化的能力生成体系（体系是体系化能力的必然产出），而不是凭空规划一个体系。那样的体系除了满足领导者追求完美的心理诉求，别无用途。

症状四：岗位培训"刻舟求剑"，"老皇历"难应新形势

不少企业大学事实上扮演的是传统职业学校的角色，重心只放在各类职工岗位技能的培养上。在互联网时代，即便是岗位技能也要与时俱进地随组织战略及变革的要求而改变。不顾组织战略转移及变革要求，按照老皇历、旧体系培养员工，犹如刻舟求剑。

有的企业大学按部就班地培养着新员工、新经理，内部培训与组织的战略转移、变革落地毫无关系，无论最高领导怎么号召战略转移，业务部门领导多么焦虑，培训部门依然我行我素地办着各种班。这样的培训实际上为组织创造的价值是非常有限的，也很难得到最高领导和业务部门的认可。

组织学习的这五个部分内在关联非常紧密，每个部分想要做好都要考虑和其他部分的衔接。事实上，这五部分形成了一个相辅相成的系统（见图1-4），像太极图中的阴阳鱼一样，可以正向转，也可以反向转，都是相互影响的。就算你只想做好岗位培训，也要向上追溯，岗位培训要依照什么体系进行？再向上追溯，这体系从何而来？是从某些实际问题的解决中萃取出来的。再追溯下去，为什么要解决这些问题？这就回到领导者的认知迭代上来了。反过来转也是一样的，领导团队有了新的战略和目标，必然要解决一系列问题，解决问题积累的经验能升华迭代体系，新的体系进一步指导一线员工的岗位培训。

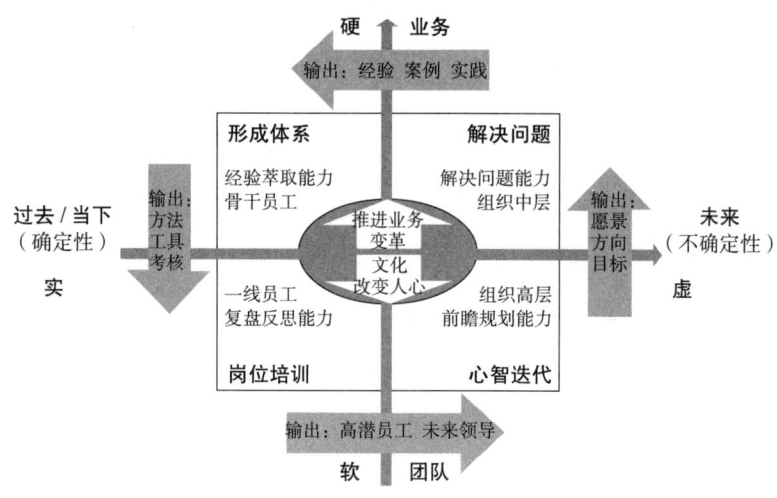

图 1-4 组织学习五部分的内在关系

软硬兼顾,既要务实又要务虚

概而言之,组织既要务虚,为未来的发展早布局;又要务实,确保当下的事务顺畅进行。既要做好当前业务,用硬的业绩说话;又要培养团队,打造软实力。这个坐标系的上下左右部分各有不同的内涵。以纵轴为界,右半部分代表新业务及创新业务的开展,如果组织过分重视新业务的开展,容易造成左半部分的执行体系力量不足,新业务的规模复制不给力。反过来,如果组织把资源和精力过多地投入到坐标系的左半边,则容易沉溺于当前的业务中,对新的机会乃至外在威胁视而不见,在快速多变的互联网时代非常危险。所以,坐标系的左右均衡实质上是当下的苟且和诗与远方的均衡。创新突破和规模复制均衡兼顾,组织才能持续健康发展。

以横轴为界,上方代表开展业务,即做事,下方代表培养团队。如果组织把大部分资源和精力用在开展业务上，而忽视了团队的成长和软实力的配置，那么，迟早会油尽灯枯，受制于团队能力的。硬绩效和软实力是相辅相成的。必须把团队状态和组织能力当成常抓不懈的大事，切实关注每一个员工在工作中的持续成长，让他们在做好当前工作的过程中同时得到充分的锻炼和成长，也唯有如此，他们每年的成长才能支撑次年的业绩增长。

综合看来，整个坐标系是一个动态变化的平衡体系，每个象限的输出都是下一个象限开展工作的基础。这个动态体系的均衡是企业健康的标志，也是检验组织学习工作是否健康的标准。

第二章

培养持续引领时代的领导者

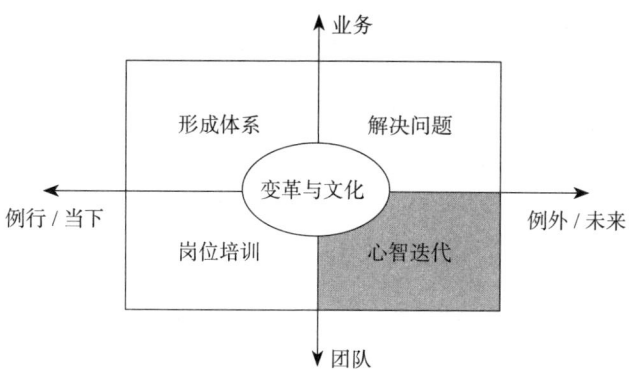

- 遭遇困局：领导者的思想和风格双双跑输时代
- 持续学习：思想持续领先，才配当合格领导
- 风格转变：赋能领导者的三大标准
- 技能升级：打造动车组织的四项核心能力
- 布局长远：发现和培养高潜人才

第二章
培养持续引领时代的领导者

一位创业快 30 年的 IT 龙头企业在互联网转型过程中遇到了不少困惑。董事长总觉得他们的团队步子慢了,为新一代产品烧钱不少,却没有得到预期的回报,想继续加大投入又担心会血本无归,想慢慢滚动发展又担心错失良机。董事长问计于我。我反问:"30 年前您创业的时候,您的思想和理念是不是遥遥领先于那个时代?"董事长很自豪地点头称是。我又问:"而今要进行互联网转型,您感觉自己的思想是不是还远远领先于时代?"董事长的表情显然没那么自信了。我根据萨利姆·伊斯梅尔的理论说:"现在企业的运作方式都是指数型组织的方式,当你的思维是线性的,行为是线性的,而且衡量世界和成功的方法也是线性的时候,你就会不由自主地走向线性组织的结局,用线性的镜头来观察这个世界。表面上看互联网转型进展不理想是团队执行力的问题,而实际上问题的根本在于领导者的思想解放步伐还不够。"

互联网时代,领导者遇到的核心挑战有哪些?领导者要做什么样的改变才能适应新的商业环境,领导新生代员工?我认为领导者的学习能力远超社会平均水平才是持续领导业务的根本。而用快速迭代的模式开展业务和用赋能的方式领导新生代员工是领导者需要发展的两项基本能力。

遭遇困局：领导者的思想和风格双双跑输时代

领导，顾名思义，"领"是引领的意思，领导者须先在思想上领先，要有前瞻性，为团队指明目标和前进的方向；"导"有引导的意思，指领导者要在行动上身先士卒，带领团队奔向目标。这是领导本来的含义。而互联网时代的快节奏造成了新的尴尬：不少人客观上已经坐在领导者的位子，而实际上，其思想并不领先，甚至远远落后于时代，不仅如此，其领导风格也与新时代格格不入。所以我常讲，当前领导力领域的主要问题是领导者的思想和风格双双跑输时代。

思想落后之时，就是大权旁落之时

行动学习之父雷格·瑞文斯教授早在1980年就指出：当外部环境快速变化的时候，组织的学习要加速。组织领导者的学习速度（L）必须大于或等于环境变化速度（C），即 $L \geq C$。反之，如果领导者的学习速度跟不上时代的变化，整个组织就会陷入被动。现实情况是，外部商业环境的变化在加速，而领导者们的学习速度并没有同步加速！所以，互联网时代各级领导者的学习都是一个迫切而严峻的问题。

我认为，领导者业务动能不足的根本原因是其背后的商业模式和指导思想的势能不够大，因为一切商业行为最初都是想法。如果领导者的思想不能远远领先于时代，企业转型的根本动因只能是被动地应对互联网的冲击，这样的企业很难在未来的竞争中再拔头筹。一个不变的客观规律是：世界是由那些思想领先于时代的人引领的。无论你过去有多成功，现在的位置有多显赫，拥有多少财富，**客观上决定你前途和命运的还是思想是否持续走在时代前列。思想落后的时候，就是大权旁落的时候，没有任何势力能阻挡社会发展的潮流。**

"不端不装有点二"，融入新生代团队

我曾给一家企业上"赋能领导力"课程，发现课堂氛围非常死板，学员们都很拘谨。讲了20多分钟，我就说："通过刚才你们的课堂表现，我可以判断你们当中大部分人基本不会领导'90后'，甚至与自己的孩子沟通都会有障碍。"显然，我的结论引发了学员们的好奇，他们面面相觑，惊讶地注视着我，似乎在问我原因。

我不紧不慢地说："你们身上主要的问题是和'90后'的调性不一致。我给你们分享一下给'黑马训练营'上课的场面，你们就理解我为什么这么说了。'黑马训练营'的学员大多是自己创业的老板，三分之二以上是'90后'。在那个班上，我抛一个问题，全场170多人齐刷刷地举手！这样的场景只有在小学课堂上才能看见。我被他们的表现整蒙了，正在犹豫让谁发言的时候，身后有学员拽我的衣襟，说：'老师，我已经

上台了，你把话筒给我就行了。'那位学员抢到话筒就开始激情演讲了——说辞流畅而有条理，语调有力而坚定，肢体语言大方而得体——我猜测他从创业的第一天起，就把每次发言都当成了路演。在'黑马训练营'有一个口号，叫作'不端不装有点二'。这就是领导'90后'员工的方式。而你们刚才的表现有点端、有点装还不够'二'。你们的风格不能匹配他们的调性，就会跟他们有代沟的。在人家眼里，我们这些'70后'的领导者是'油腻大叔'，所以，我们一定要主动迭代，适应新潮流，不要端着、装着了，要'二'起来！"

我这番话迎来好几次笑声，课堂的氛围慢慢活跃了起来。在后面的课堂中，互动发言时大家的表现好了很多。个别人发言有点忸怩的时候，我就鼓励说："不端不装有点二！"又迎来了一片欢笑，一个很死板的团队于是轻松地互动起来。

不得不承认，互联网把人们的代沟拉得更大。**而领导者最大的尴尬是不能融入新生代的团队。**所以我认为，有效领导的第一步是先跟团队打成一片，而跟团队打成一片的最佳策略是与团队最典型的特征保持一致。甚至可以说，领导风格的转变比领导者思想迭代还紧急重要。当领导风格转变了，能够和新生代融为一体了，接受新思想的渠道也就多了。

跟年轻人打成一片，保持年轻

漫漫进化过程中，所有物种都在保持基本稳定的前提下，不知

第二章
培养持续引领时代的领导者

不觉地进化着。"长江后浪推前浪,一代更比一代强"是必然的,只是在短时间内,进化不容易被人感知罢了。

今年春节回老家,听说农村的婆媳关系悄然改变了。20世纪的婆婆在媳妇面前是绝对的强势,媳妇要小心翼翼地伺候婆婆。时下男女比例失调,每个村都有有车有房娶不到媳妇的大龄剩男。家里花了血本为儿子娶到媳妇,婆婆完全不敢给媳妇脸色看。我在"赋能领导力"课堂上经常刺激那些学员,说:"连农村的婆婆都变了,你们还在用陈旧的领导方式,能行得通吗?"

一位领导听完我的课后,忧心忡忡地找我交流。他说:"老师,我是'60后',与年轻人确实有很大的代沟。本想着再干几年就退居二线了,听您这么一讲,我犹豫自己要不要再努力去改变我的领导风格。"

我说:"我们这一代人还有一个尴尬,就是在职场上已经干到要退休了,而实际年龄不算老。青春不在于年龄,而在于心态,心态年轻就永远年轻,内心是一派老气横秋的样子,退休后的日子也不好过。"

他问:"老师,那你说我该怎么改?"

我说:"**保持年轻的秘诀是永远跟年轻人打成一片。青年是时代的窗口,跟他们打成一片就证明我们还没有被时代淘汰**。我们这一代人心目中的领导形象是一本正经、不苟言笑的。现在时代不同了,需要领导跟大伙打成一片,一起'二'起来。"

黄仁宇先生在《万历十五年》中谈历史的演进，阐述了这样一个道理。历史发展进程中总有两种力量在角力：一种力量是总要维持旧系统、旧秩序的保守势力，另一种力量是总想建立新系统、创建新秩序的新锐势力。前者是内敛力，后者是外张力，两种力量角力的结果必然使历史的发展成为一个螺旋线。他还强调，随着科技的进步、人类智慧的不断快速进化，外张力总是要略大于内敛力，人类历史的演进因此有一个加速效应。

这几年，在互联网的带动下，我们都能明显感受到这种加速效应的威力。我认为，"老腊肉"领导要主动掀起一个"保鲜运动"，想办法与新生代的"小鲜肉"融为一体，这是"老腊肉""保鲜"的最佳手段。

持续学习：思想持续领先，才配当合格领导

有识之士早已指出，未来组织间的竞争主要是学习能力的竞争。而我认为组织的学习能力有一大部分体现在各级领导者个人的学习能力上。领导者的学习能力远高于社会平均水平，才能够快速、高效、从容地应对商业环境的复杂多变。思想落后就会导致大权旁落。决定你能否持续坐在领导位置上的不是过去的资历和资本，而是你的思想。在新时代，领导者的学习力上升到了空前重要的位置。当然，学习力是一个很多元的概念，至少包括理论学习、社会学习、实践学习和自我心智迭代等四个方面。

第二章 培养持续引领时代的领导者

理论学习，引领组织方向

引领方向是领导者最重要的职责，见多识广是领导者引领方向的必然选择。互联网时代的快节奏对领导者的理论学习能力提出了新的要求。很多最前沿的管理理念和最佳实践最先是以文字的方式传播的。近年来有很多好书，比如《从0到1》《重新定义公司：谷歌是如何运营的》《指数型组织》等，都传播了西方最新的企业治理理念和最佳实践。这些理念在国内还没有得到充分的验证，无标杆可参考。这就要求领导者能够通过阅读获取知识和灵感，并能够创造性地发挥和适应性地改造，运用到自己的管理实践中去。

领导者的思想要领先于时代，必须广泛涉猎最前沿的信息。 优秀的领导者必须养成阅读的习惯，现实情况是大约35%的领导者有阅读障碍，更多的领导者虽然没有阅读障碍，却也腾不出时间来读书。怎么办呢？组织学习部门应该营造读书文化，比如举办读书节，互相推荐读书等。

我的一个学生在所在组织坚持进行高管互相推荐读书的活动。要求高管看到好书时，多买一本，并且画重点、做批注。在每个月的总经理办公会上特意拿出半个小时，高管们两两结对，相互赠送一本书，并且花10分钟告诉对方所推荐书的核心观点和推荐理由。下个月开会时收书人再给赠书人汇报自己看书的感悟和心得。这个举措迫使每个高管每个月至少看两本书。要给别人推荐书，必须自己先认真阅读并画重点，还要读别人推荐的书并汇报感悟。如果高管把这个举措在自己管辖范围内再推广，整个组织的读书文化就形成了。

社会学习，整合不同圈子

作为社会动物的人是分圈子的，每个人都属于不同的圈子，在不同的圈子里有不同的身份，而每个圈子都传播着不同的知识和信息。社会交往是获得知识和新鲜信息的重要渠道，且弱关系比强关系往往更有价值。因为强关系的朋友与你很熟悉，你们的圈子更可能同质化。弱关系因为平时接触不多，他们的圈子和你的圈子不大一样，因此他们掌握的信息才更有价值。

也许一件很难办到的事情，对恰好掌握某种信息和资源的人来讲就是一句话的事。所以，最佳的策略是通过弱关系把不同的人际关系圈子连接起来。当你认识来自各行各业的人时，拼接不同圈子的弱关系朋友的资源与需求，促成各种新的合作就变得很容易。

我的一位朋友就特别善于攒各种各样的局，他的朋友都非常乐意参与他组织的各种聚会。把不同朋友的优势整合起来促成一个一个项目，带来不错的社会效益成为他最大的乐趣。他曾经向我如数家珍地描述他促成的项目，眼神里充满了自豪。

在组织内部，高阶的领导者也要善于深入业务，从基层获取最新鲜、最真实的业务信息，再与团队一起思考、转化成应对策略。杰克·韦尔奇在他的自传中把深入业务的做法称为"深潜"。诺埃尔·蒂奇在《领导力循环》中提倡组织内部每个层级的"教导者"和"学习者"都要相互教导和学习，在组织内形成一个良性的教导循环。这种良性的教导循环能有效地把员工团结起来，并授权给他们，让他们分清轻重缓急，然后及时有效地完成任务。杰克·韦尔

第二章
培养持续引领时代的领导者

奇甚至认为，这种良性教导循环充分发挥了员工的创造力和主观能动性，是寻找、吸引客户的新方法，是20世纪90年代后期GE收入仍能呈两位数增长的主要原因。杰克·韦尔奇把克劳顿维尔当成了自己了解业务开展情况、获取信息和建议的场所。他说："我每次到克劳顿维尔都很兴奋，我从学员身上学到的和学员从我这里学到的一样多……我希望每个人都给我反馈和挑战。"这也成为他发展自己领导力的一种方式。他用这种方式打开了信息通道，避免了下属报喜不报忧的现象，从课堂上获得最新的业务开展资讯，把他施政的措施放到课堂上来推行和寻求反馈。诺埃尔·蒂奇说："全球的CEO都知道每年年底对上一年的业务执行情况进行盘点，年初又对下一年度的业务进行规划。只有杰克·韦尔奇做到了第三步，那就是，他用上课的方式持续推进和检查业务的执行情况，所以他成为全球第一CEO。"

领导者的社会学习中还有一点非常重要，就是能够在别人的批判中学习。组织学习专家克里斯·阿吉里斯研究发现：**当一个人获得了较高的领导地位以后，他正式的领导力发展活动就停止了。**原因是随着地位的提高，他们的自我形象也同比提高，自我越大，越容易进入习惯性防御状态，从而感受不到自己的不足，听不进去别人的批评意见。老子说："知不知，尚矣；不知知，病也。圣人不病，以其病病。夫唯病病，是以不病。"知道自己还有所不知是高尚的，不知道却自以为知道的盲目自大，是病态的。把这种病态当作病态，就不会陷入病态。生活中，我们也能感受到很多领导职位越高越谦和。有些领导职位不高却架子很大，这是一种病，得治。

遇到批评习惯性防御是人的一种本能，能在批评中学习才是修行，修行是要有意识地跟本能对抗的。

实践学习，汲取有价值的经验

经历和经验之间横亘着一层叫反思，**经过反思的经历才能成为经验**。有的人工作了10年，只是把同样的事情重复做了10年，而有的人只工作了半年就能总结出很多经验。

在复杂多变的商业社会，没有人能永远把握住机遇，没有人能永远不犯错误，关键是如何在实践经验中学习，持续提高自己对环境的适应能力。

华为前任轮值董事长徐直军说："华为公司最大的浪费就是经验的浪费。"人力资源管理大师戴维·尤里奇最爱问的问题是："你从中学到了什么？"霍华德·加德纳把内省智能作为人的八大基本智能之一。稻盛和夫的六项精进也把反省作为其中之一。他认为："竭尽全力、拼命工作"再加上"每天反省"，我们的灵魂就会被净化，就会变得更美丽、更高尚。

反省就是耕耘、整理心灵的庭院。要通过天天反省，扫除心中的邪念，然后播种美丽的花草，让清新、高尚的思想占领心灵的庭院。柳传志在联想推行复盘工作法，倡导复盘是一种工作方式，实为高明之举。"联想有一种称为复盘的学习方式：做一件事情，失败或成功，重新演练一遍。大到战略，小到具体问题，原来目标是什么，当时怎么做，边界条件是什么，回过头做完了看，做得正确不正确，边界条件是否有变化，要重新演练一遍。我觉得这是提高自己非常重要的一种方式。"

行万里路，如果不反思也就是个邮差；读万卷书，如果不反思也就是个 Kindle。反思的根本目的是在经验中萃取有价值的元素，从而优化自己的思维模式和能量运用模式，反思实际上是心智模式的持续迭代过程。如果一个人在成功之前就能养成时时反省的习惯，在事业路上抗风险能力就很强，从某种意义上讲，他更具备持续成功的可能。反之，即便取得了暂时的成功，也必将会因为不具备反思能力而遭遇巨大挫折。

实践学习的难点是在失败的经历中学习。基于领导者自我越大防御性越强的原理，自我形象很高的人面对挫折和失败时，很容易陷入习惯性防御状态而找外部原因，感叹运气不好，抱怨队友不给力，等等，很难做到深刻的反躬自省。阳明先生说："专涵养者，日见其不足；专识见者，日见其有余。日不足者，日有余矣；日有余者，日不足矣。"在大多数情况下（找到好风口除外），业务发展的速度和最高领导者的学习能力和修养呈正相关。

模式迭代，提升格局修养

以上三种学习主要目的是提升领导者在新的商业环境下开展业务的能力，不能涵盖领导者学习的全部。还有一个重要的话题就是领导者的修身养性。我观察了大量的高管行为后发现，在现实的压力面前，领导者最容易陷入焦虑和暴躁状态。一个人一旦陷入焦虑状态，就容易激活求生本能的"战斗/逃跑"模式。这种模式是人小时候在原生家庭中通过模仿和感受等无意识学习方式习得的。无论后天的学历教育程度有多高,职位有多高,一旦被逼急了,会迅速回到12岁之前的小孩状态。其反应模式是接近动物性的"战斗/逃跑"模式。

  我经常说,不在有情绪状态下给人讲道理,也不给在情绪中的人讲道理。在有情绪状态下,一个人的反应模式是防御性或攻击性的,不能理智思考。所以,领导向下属发飙的本质是手握大权的小孩欺负另一个小孩,家长向孩子发飙的本质是身强力壮的大小孩欺负弱小的小小孩,本质上都是精神虐待。

  事实上,只要外在挑战超出预期,人们的第一反应都是防御性的。修行的目的是提升人的第二反应能力,唯有后天持续的迭代和优化自己的反应模式,才不至于任性地做错事、得罪人。孙子说:"主不可以怒而兴师,将不可以愠而致战。合于利而动,不合于利而止。怒可以复喜,愠可以复悦;亡国不可以复存,死者不可以复生。"**领导者感情用事,常常会给业务带来不可挽回的后果。**

  人人身上都带着从原生家庭无意识习得的非理性反应模式,而升级这种反应模式正是终生的修身功课。《大学》有言:"自天子以至于庶人,壹是皆以修身为本。"领导者的领导工作本身也是自己修身的功课,领导者带领团队开展业务的同时,更要注重自身的格局和能力的提升,**只有领导者的学习进步速度远大于团队平均水平,才有持续站在领导岗位上的资格。**领导者自身的格局和能力不够的话,会成为整个团队发展的瓶颈,成为限制团队能量发挥的枷锁。领导者常常因为意识不到自己是问题的一部分,而拼命指责下属,陷入"领导有病,让下属吃药"的尴尬局面。

换个角度看,持续升级迭代自己的反应模式,使其更加恰当、和谐、高尚是每个人的修身功课。稻盛和夫说,工作是修行的道场。要在人际交互中修习提升自己的反应模式,从这个角度看,你和任何人的关系都是陪伴成长关系。所谓事业,无非是用社会的资源为社会服务,任何投入其中的个体无非是借事业修身并获得适当的回报而已。

任何事业发展的瓶颈,本质上都是最高领导者格局和修养的瓶颈。例如,领导者不愿授权,很有可能是童年时代造成的内在深层次的不安全感在作祟,就越需要用授权的方式让自己的内在小孩慢慢长大;领导者冷酷无情、难以亲近,很可能是童年时代与人连接的障碍所致,便越需要在工作中刻意练习与人连接,激活自己身上的感性元素。唯有领导者本人在业务能力和人格修养上双双快速进步,才能与事业共同快速发展。用中国传统哲学看,事业是阳,个人及团队成长是阴,孤阴不生,孤阳不长,阴阳可以短时间背离,但从长远看,唯有阴阳平衡才能持续发展。

风格转变:赋能领导者的三大标准

曾鸣教授在《重新定义公司:谷歌是如何运营的》一书的推荐序中有一句话:"未来组织最重要的功能已经越来越清楚,那就是赋能,而不再是管理或激励。"组织的功能被重新定义了,领导者的身份当然也应该重新定义,随之而来的是领导者的核心价值观和关键能力也应该重新定义。

赋能领导行为和传统的管控型领导行为到底如何区分？概而言之，我认为，区分赋能领导行为和传统管控型领导行为的方法是从领导行为所产生的效果来判断。赋能，不看广告看疗效。重要的不是领导者说了什么或做了什么，而是领导者的所作所为引发了被领导者内在发生什么样的反应。

我用三个问题判定具体的领导行为是赋能型还是管控型。

第一个问题：你的领导行为是促进下属内在能量的和谐，还是造成了下属内在能量的分裂？是像大禹一样采取疏导的方式，还是像大禹父亲那样用堵的方式？**任何积极而持久的改变一定是自内而外的**。下属的内在能量很和谐才能促成持久的积极改变，外力强迫造成下属能量很分裂、很压抑，这样的改变也是临时的，很可能产生报复性反弹。

人们会习惯性地放大容易衡量的显性指标权重，而实际上有很多更重要的指标，因为不好衡量而被普遍忽视了，比如成绩不等于成长，财富不等于幸福，成功不等于伟大。领导者不能只考察下属是否按其意愿做事这个容易衡量的外显指标，还要考察下属内在状态是和谐的还是分裂的，这才是冰山下更重要的却长期被人忽视的指标。

第二个问题：从长远看，你的领导行为是让下属更加独立还是更加依赖？**优秀的领导者能把下属培养成领导者**。这就要求领导者要懂得充分授权和能力培养，让下属在工作中发展出能够独当一面的能力，而不是凡事请示领导，猜领导心思，看领导眼色行事。

第二章
培养持续引领时代的领导者

这一点在家庭教育中最能看清楚：比如你的孩子18岁了，要到另一座城市去上大学，如果你还操心孩子的袜子、裤头谁来洗的问题，说明你们这个家庭并没有把孩子培养成有独立生活能力的人。孩子只是年龄上成为成年人，而心理和生活能力方面依然是依赖性很强的孩子。家长和孩子的关系注定会渐行渐远，**到了该独立的年龄，孩子与世界连接越多，与父母就连接越少**。领导力也一样，下属迟早要成为能独当一面的人，领导者与下属之间的关系是陪伴成长，而不是头脑指挥身体的关系。领导者不愿意授权，甚至有强烈的管控欲望，本质是领导者内在的小孩还没有长大、独立。无论是拯救者、加害者、受害者，还是抗争者、回避者，都是不独立的表现，都会影响自己的能量运用。只有真正独立，才能运用好自己的能量。只有真正精神独立的人，才能成为赋能型领导者。命令、管控的领导方式只能使下属越来越依赖领导者，让领导者成为下属的大脑，下属成为领导者的四肢，这样的领导方式会让下属越来越弱小。

第三个问题：领导者与下属之间是相互滋养的关系还是相互消耗的关系？假如领导者出门应酬，总是操心下属是不是在岗，说明领导者和下属是相互消耗的关系。领导者和下属彼此都不得不消耗能量应付对方，我防着你、你防着我。而滋养关系就是彼此能在对方身上得到支持，不仅是工作上的支持，更是成长上的伙伴、精神上的盟友，是一种良性的、相互促进的关系。

假如某问题员工，在工作上对组织已经没有任何贡献了，领导者却还要把心思放在他身上：如何把他改造成优秀员工？如何让他不影响整个团队的士气？领导者因为问题员工而大伤脑筋，消耗了很大的能量。这种消耗事实上造成了团队绩效的次生灾害，还不如痛痛快快来个末位淘汰。杰克·韦尔奇在自传中写道："有人认为，把员工中垫底的10%清除出去是残酷的野蛮行为。恰恰相反，让一个人待在他不能成长和进步的环境里才是真正的野蛮行径或者'假慈悲'。"聪明人都懂得区分滋养关系和消耗关系，并努力维系好滋养关系，把消耗关系转化成滋养关系，必要时甚至割舍势不可挽的消耗关系。

技能升级：打造动车组织的四项核心能力

俗话说：火车跑得快，全靠车头带。传统企业管理的假设是最高领导为业务的总设计师和总指挥，业务设计完全是最高领导的事情。基层领导者无须参与业务设计，也无须具备业务设计能力，只要贯彻执行好总部分派的任务就可以了。而今的情况大不相同了，外部环境快速变化，业务越来越复杂，处处充满了不确定性和模糊性，总指挥客观上已经不具备做顶层设计的能力。这更要求基层领导具备较强的权变能力，能够根据当地实际做出灵活应对和独特创新。

组织的商业模式是高层的指导性概要设计和基层的创新性实践合力演变而成的。组织不再是贯彻高层设计蓝图的执行机器，而更像高层意志与基层实践相互作用下持续进化的有机体。未来组织不再像传统的火车靠车头带动，更像动车、高铁，采用动力分散原理

第二章
培养持续引领时代的领导者

运行,每一节车厢都有独立的动力引擎。

概而言之,20世纪人们做事的指导思想是系统工程和还原论思想,凡事要总体规划,统一部署,分步实施。而现在,由于商业环境的快速变化,人们更崇尚生物进化式的快速迭代思想,事情没必要也不可能等到设计到位再开工,而是有一点想法就快速付诸行动,行动见效果后快速复盘和反思,采取必要的纠正措施再融入新想法,就这样慢慢从丑小鸭演变成大天鹅。

无论领导者目标多么明确,思路多么清楚,都很有必要跟团队成员一起进行年度业务设计共创。带领团队共创年度业务策略,与领导者自己确定业务策略然后向下宣贯,有三点显著的不同:首先,多人智慧胜过一人,集体决策对提高决策质量是有帮助的;其次,给员工主人翁的感觉,员工参与了策略的制定,对策略理解更充分,执行过程中会更积极主动;再者,员工在参与研讨的过程中有机会把自己的想法融入组织工作计划里,也便于员工把个人成长与团队年度计划进行有机结合。

要把传统的"火车组织"升级为每个业务单元都自带引擎的"动车组织",我认为重点是打造一批新型的领导者,使领导者普遍具备以下四项核心能力。

业务设计能力,发挥独特优势

传统企业战略并不会轻易改变,大多数企业领导者的核心任务是落实既定的战略方针。而互联网时代的领导者则需要持续不断地根据外部环境变化调整其战略,设计其业务。业务设计能力成为新时代领导者的重要能力。摆在各级领导者面前的共同命题是：如何动态地、随需应变地、创造性地设计业务，适应环境。现实是，最高层领导者客观上不具备全面的组织业务设计能力，而中基层管理者甚至基层员工又非常需要施展平台和创新空间。**未来组织的业务模式一定是各级管理者与员工合力共创并且在实践中持续演进的。**而且唯有如此，工作才能够给基层员工足够的成就感、创新机会和成长机会，工作才能成为真正意义上的员工实现梦想和赋能的平台。

业务设计需要一整套方法论支撑，不仅要明确战略意图、洞察市场，还要结合市场需求和自己的优势发挥出自己的独特风格优势，整合成可行的方案，确定实现路径，还要能够及时迭代修正。

解决问题能力，探索最佳方法路径

理想和现实之间的差距就是要解决的问题。解决问题的本质是探索从当前状态到目标状态的方法和路径。解决问题的能力是一个组织最重要的智慧。在 VUCA 时代，仅靠领导个人的智慧解决问题显然已经不合时宜。今天的领导者，不仅要掌握解决问题的方法套路，还要懂得带领团队群策群力地解决问题。带领团队快速解决问题才是未来领导工作的新常态。

麦肯锡的七步成诗法、GE 的六西格玛本质上都是解决问题的模型。**问题层出不穷，解决问题的方法和模型却可以相对不变。**我认为，解决问题能力是最重要的组织能力，必须成为职业经理人的基本素养和组织内解决问题的共同套路，才能应对快速多变的商业环境。

我把解决问题的过程分解为定义问题、定义起点、定义终点、定义边界、探索可能、论证可行、确定路径、部署实施、复盘总结等九个步骤，其核心指导思想是运用成果框架和过程框架，群策群力，整合团队智慧进而逐步逼近理想效果。

经验萃取能力，复制最有效经验

把一种成功的模式进行复制，使系统走向有序。我认为反向创新在互联网时代更有生命力，互联网时代的企业应该在治理方式上为基层单位充分授权，鼓励基层创新，并持续从基层创新中选拔出最佳实践，之后在全局复制最佳实践，这种模式应该成为组织治理的新范式、新常态。在实践中，团队发展出某新业务的有效模式，普遍称为最佳实践。我们总能够尝试把该实践中有效的成分或模式萃取提炼出来，复制到其他成员身上。

要让业务精英们自己总结可复制的经验是件很难的事情。他们不是学习专家，在实践中运用的很多知识和技能都是隐形的，只感觉有效，却难以萃取其中真正有效的成分，甚至是知其然却不知其所以然。所以，只能让业务精英们讲他们原汁原味的场景故事，再用行动学习的方式共同找出这些故事中的营养成分。经验萃取的核心是用概念化和原则化的手段提取隐藏在朴素经验中的可以远迁移的底层结构，发现以前不曾被重视却实实在在起着作用的维度。**我们只能控制自己意识到的事情，但往往没意识到的事情**

会反过来制约我们。找到并重视被忽视的维度，才能带来跨越式的发展。

复盘反思能力，萃取有价值的元素

经过反思的经历才是经验。反思是一个人心智模式的迭代，就像 App 需要常常更新一样，人的心智系统也要常常更新。互联网加快了迭代的速度，App 经常在迭代，最初功能很一般的 App，也可以通过持续的迭代演变成为广受欢迎的 App。**人的心智系统类似 App，心智系统迭代的速度比最初的天赋要重要得多。**

不要轻易放过任何一段经历，如果能够从每一段经历中萃取出未来可能用得上的财富，日积月累下来就是大智慧了。

反思的根本目的是在经验中萃取有价值的元素，从而优化自己的思维模式和能量运用模式，反思实际上是心智模式的持续迭代过程。如果一个人在成功之前就能养成时时反省的习惯，在事业路上抗风险的能力就会很强，从某种意义上讲，他更具备持续成功的可能。反之，即便取得暂时的成功，也必将会因为不具备反思能力而遭遇巨大挫折。

倘若组织中的中基层干部都具备以上四种能力，我们就有理由相信这个组织是多引擎的"动车组织"。而这四大能力也形成了首尾衔接的闭环，在组织内能广泛复制，使每一个经理人、每一块业务都能用同样的模式做事，组织因而可以真正具备快速应对各种外界挑战的能力。

布局长远：发现和培养高潜人才

为适应互联网时代，组织学习部门要帮助各级领导者技能升级，使"动车组织"的四大核心技能成为领导者开展工作的基本技能；要帮助各级领导者转变成让下属、内在更加和谐、更加独立以及与下属相互滋养的赋能型领导者。还要未雨绸缪，持续发现高潜人才，并用较长时间将他们培养成为未来的领导者。

这就要求组织学习部门首先要有火眼金睛能发现潜伏在人群里的高潜人才。其次，把高潜人才聚拢起来，以兼职讲师、创新爱好者等非正式组织形成各种圈子，促进高潜人才的快速提高和相互学习，对组织的未来贡献会很大。我认为，组织学习部门要不遗余力地打造高潜人才俱乐部。试想，假如五年后、十年后的核心干部都曾经是企业大学的高潜人才俱乐部成员，组织学习工作是不是就很好开展。

如何识别高潜人才，最基本的素质有几个：远大抱负、学习能力、思维模式、表达能力、人际能力、创新能力，以及应变能力等。下面我逐一做一下分析。

有远大抱负，能给团队信心

高潜人才的共同特征是有远大抱负，或者说有野心，他们无法忍受平淡而乏味的生活。他们内在有一团熊熊燃烧的生命火，这团火的外在表现就是激情。激情不大容易用文字描述，却很容易感受得到。像乔布斯、任正非、马云这样的有领袖气质的领导者，人们很容易感受到他们的激情四射。远大抱负是高潜人才非常重要的标志,而且很大程度上是天生的,不好培养,却很容易发现。

有学习能力,能够深度思考

高潜人才大都具有成长型思维,具有很强的学习能力,他们绝不会因为没干过而退却,相反,正因为勇于挑战,才会在实战中发展出很强的业务能力和学习能力。没有人生下来就具备各种能力,而是在挑战中发展出各种能力,不是有了能力才敢去干,而是干了才能发展出相应的能力。

思维模式与众不同,自信且对未来充满希望

高潜人才和一般人员最大的不同是思维模式的不同,他们总是积极、正向面对企业,对未来充满希望,对自己充满信心。那些高自尊和高效能感的人走在哪里都是光源,都能照亮一片,因此也容易赢得信任和支持!高潜人才做事总是想办法变通和突围,而不轻易向困难低头。

表达能力强,能主动影响他人

高潜人才善于表达自己的思想,主动去影响别人。同样的道理,因为主动影响他人的意愿很强,久而久之就发展出很强的表达能力,而表达能力进一步促进了他们的影响力。维果茨基说,语言既是沟通的工具,更是思维的工具,人们是借助语言来思考的。思维能力和表达能力是相互促进的。

有人际能力，能体察客户需求

一切事业都是为了人，一切事业也要依靠人。所以，人际能力是高潜人才的又一个重要基础能力。人际能力甚至与性格的内向和外向无关，无论内向还是外向，他们都能做到善解人意并设身处地地为别人着想。哪怕是乔布斯那样对内非常专横的领导，却也极其重视客户体验，体察客户潜在需求，并能够有效影响众多客户，培养出大量的粉丝。

有创新能力，会凸显自己风格

高潜人才有极强的创新意识和能力，做事情总会花心思凸显自己的风格，做到与众不同。创新需要能够根据特定的情境，结合自己的特质做创造性的发挥。大师齐白石有句名言："学我者生，似我者死。"意思是说：向我学习的会成功，模仿我的会失败。每个人的独特风格都是其自身多种特质的组合发挥，因此没有全盘照搬的可能。斯科特·考夫曼在他的著作《绝非天赋》中提出了成功人士常常把大脑的多个优势进行组合开发，形成组合优势的观点。人的禀赋和优势不同，组合开发和发挥优势的风格也不同，任何人的成功都需要结合自己的天赋才干和个人特质，形成自己独特的风格。

应变能力强，会调整做事方法

达尔文认为，那些在漫长的进化过程中活下来的物种，既不是最强壮的，也不是最聪明的，而是最能适应环境的。应变能力背后的重要素质是调整状态的能力和做事的方法套路。遇到挑战就慌了，大脑进入稀缺态和防御态，宣布戒严,"战斗/逃跑"模式被全面激活，人区别于动物的高级机能完全不能工作，不能冷静思考，根本不可能拿出创造性的解决方案。我常说，灵感青睐那些大脑有"内存"的人，遇事保持冷静的状态是应变能力的基础。我还强调，遇到问题和挑战，最重要的是要有套路框架。可以没有答案，但必须找到合适的套路去寻找答案，大脑里积累了很多框架的人，容易做到从容应变！所以，要做一个有招的人！

以上这些能力都具备的人可谓凤毛麟角，但至少要具备半数以上能力。领导者可以根据以上标准发现身边有潜力的人才，用好他们已经具备的特质，有意识培养那些暂时还不具备的特质。唯有在工作中有意识地发现和培养高潜力人才，事业才会后继有人，业务才能持续领先。

十年树木，百年树人。培养人才是系统工程，必须坚持长期主义，对高潜力人才的长期持续关注和培养，是组织基业长青的重要保障。有一位企业大学校长曾经问我："田老师，怎样才能让一把手真正重视培训工作？"我说："你们的一把手当初是骨干员工、部门经理、总监、副总裁的时候，有没有尝过培训的甜头？如果他一路上都没有尝到培训的甜头，也没有深入参与到培训工作中来，凭什么让他当上一把手就一反常态地支持培训？与其苦苦哀求让现任一把手支持培训，不如退而结网，关注未来的一把手，让他们成为培训的受益者，让他们深度参与到组织学习中来。"我在用友大学工作十个年头，到后来发觉培训工作越来越容易开展了，很多新提拔的干部都曾是用友大学的拥趸。他们自己比我更重视培训工作。

因此，组织学习部门一定要长远布局，不做表面文章，不走形式，不搞各种运动，而要扎扎实实地培养一批忠诚度很高的高潜人才，把组织发展和员工成长切实结合起来，让组织切实感受到培训对业务的持续支持，也要让员工切实感受到培训对自己成长的持续促进。不要组织发展了就无情地淘汰跟不上趟的员工，也不要让员工成长了就远走高飞。**企业大学可以是凝聚核心人才和发展高潜人才的重要力量。**

第三章

复制普适的解决问题能力

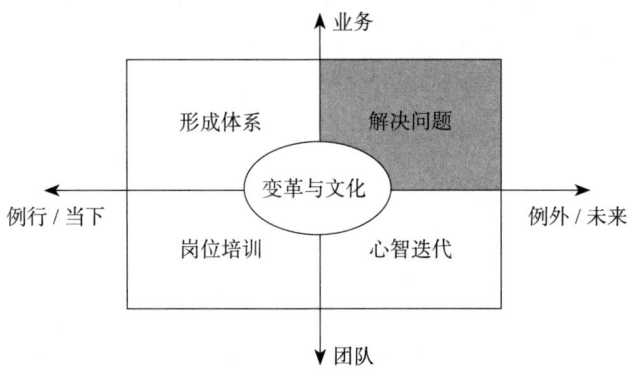

- 头脑风暴：一场影响深远的务虚会
- 基本策略：群策群力地双框架逼近目标
- 定格问题：基于病构问题的"四定"策略
- 化解之旅：从创建方案到部署实施
- 灵活运用：解决问题能力是一种素养
- 业务设计：无非是系列待解决的病构问题
- 企业大学要做内部的麦肯锡

第三章
复制普适的解决问题能力

组织学习的首要任务是各级领导者的认知迭代。认知迭代的成果是领导者们有了新的愿景。愿景和现实之间必然存在差距，而弥补这个差距的过程就是解决问题。在工业化生产时代，社会环境变化不大，企业经营总是在重复同样的模式，经验丰富的人才能熬成领导，领导往往习惯于用自己的判断和经验来解决问题。领导就像坐诊医生一样，下属把问题——汇报给领导，领导迅速给出指示，下属照单抓药，照指示办理，一切都显得简单利索。然而，在今天，靠领导一个人的智慧解决问题显然已经不合时宜了。领导者不仅要掌握解决问题的方法套路，还要懂得带领团队，群策群力地解决问题。带领团队快速解决问题才是未来领导工作的新常态。

问题是五花八门的，而解决问题的套路却可以是相对不变的。如果领导者们掌握了解决问题的方法套路，就不会太受专业的限制，也不会有隔行如隔山的感觉，凡事都可以带领团队用行动学习的方式，用解决问题的套路群策群力寻求最佳方案。在组织范围内推广和固化一套相对不变的解决问题套路，将会大大提升组织适应快速多变的商业环境的能力。

头脑风暴：一场影响深远的务虚会

先用一个我亲历的真实案例展示解决问题方法论的威力。2009年3月，春寒料峭，用友大学的20个创始团队成员在用友产业园一期15号楼5层的会议室进行头脑风暴。王文京董事长在用友大学刚成立的时候就把用友大学定义为：中国的克劳顿维尔。我们这次头脑风暴的主题是：假如我们已经成为中国的克劳顿维尔，会出现什么样的画面？

畅想巅峰时刻

大家你一言我一语地做白日梦：

我们这些人都要年薪超百万；

专职讲师都出版专著；

专职讲师的个人知名度比名校教授还大；

各种参观团排队参观用友大学；

各大机构的杰出企业大学排行榜中，没有用友大学就显得不权威；

培训江湖上有一个流派叫用友派；

用友干部和骨干员工都以用友大学的兼职讲师身份为荣；

知名企业挖用友大学的讲师当企业大学校长……

第三章
复制普适的解决问题能力

实际上当时我们什么也不是,真是无知者无畏。这些牛吹得我们自己都脸红。然而,10年后再回顾当年吹的这些牛,非常神奇,大部分都得以实现或部分实现了。如今,用友大学创业团队的讲师都得到了很好的发展,年薪百万早已不在话下;用友大学的专职讲师们出过的书将近20本;培训江湖上确实形成了崇尚互动和转化的用友流派;用友大学拿遍了各个机构颁发的最佳企业大学奖;仅2012年一年我们接待过的外部参访团体就有70多拨。当初不经意间吹的牛为什么会有如此神奇的效果?后来,随着对心理学的深入学习,我才悟到其中的道理,原来明确的数字化目标是走脑的,能够驱动意识工作;而逼真的画面是走心的,能够驱动潜意识工作。

我自己后来为什么要写书?可能就是因为潜意识一直没有忘记当年吹过的牛。后来用友大学把著书立说当成一种导向。我曾经开玩笑说,无论年龄大小、资格高低,出过书的我们都称之为"教授",没出过书的只能叫讲师。马云说,一般人是看见了才相信,而我们是相信了才会看见。我相信淘宝鼎盛的画面多少年前就在马云的脑海里彩排过了,心智创造是先于现实创造的。**明确的目标加上逼真的想象能驱动意识脑和潜意识脑形成合力,逼近既定目标。**

有一个职业经理人向我抱怨他们今年的业绩指标是业绩增长150%,他感到压力很大。我问他:"你能想象出你的团队超额完成这个业绩指标的画面吗?那是一个什么样的情景?员工们是什么心情?你们用什么样的方式庆祝?"他说从来没想过。我开玩笑说:"看来你们领导的业绩指标还是定低了。假如你连团队潜意识的能量都没有激发就能完成目标,那目标绝对是定低了。"

回望自己近10年主持用友大学工作的岁月，我惊讶地发现，用友大学理想的巅峰时刻画面一直都在我的内心深处，而且时刻影响着我的决策和行动。

凸显独特风格

再回到当年与用友大学创业团队一起头脑风暴未来愿景的会议室。畅想一番巅峰时刻的画面后，我们还头脑风暴了一个话题：假如来访者对用友大学赞誉有加，你希望他们用什么形容词形容我们？大家又畅所欲言了一番，最后确定了做中国的克劳顿维尔要有五个不变的坚持，这就是我们的风格标签——名师、名课、一流的方法论、一流的体系、卓越的品牌。

名师

企业大学必须不遗余力地打造自己的专职讲师团队，专职讲师不仅要是领域专家，更是教学专家。把本企业独有领域知识用专业的教学策略传授给学员，学员的吸收转化率会更高。

名课

好的企业大学必须有自己的精品课程。GE的领导力课程是多年打磨的经典之作，他们一改传统说教的课堂，一开始就把学员置身于问题导向的共同探索状态，把群策群力甚至六西格玛等经典的方法论嵌入其中。通过"关键时刻""业务领先模型"和IPD（集成产品开发，Integrated Product Development，简称IPD）等课程，也能看出IBM的课程开发功力之深厚。用友大学必须依靠自己的专业能力开发出一流的精品课程。这也是我们多年来坚持的。

第三章
复制普适的解决问题能力

一流的方法论

方法技能是组织中最重要的技能,是组织智慧的核心。麦肯锡之所以能成为世界顶级的咨询公司,是因为其有自己的方法论及多年用此方法论做咨询所积累下来的行业数据;六西格玛、群策群力、九宫格等都是GE自用的方法论,正是方法论的支撑使得从GE出来的职业经理人能胜任各行各业的CEO职务。企业大学理应肩负起抽取提炼企业方法技能的重任,从最佳业务实践中提炼,并不断优化,还要把这些方法论融合到课程或培养项目中去传承。有方法论的企业才会基业长青,因为未来的世界是变化的,没有人能预知未来会变化成什么样子,但手上有解决问题的方法论,则可以以不变应万变。

一流的体系

尽管用友大学开张之初并没有把搭建体系放在最重要的位置,但这并不能否认体系的重要性。十年树木,百年树人,人才的培养体系是需要耐心打磨的,也是企业大学持续不懈要抓的工作。不少新任企业大学校长跟我交流体系建设的时候,总想毕其功于一役,想先拉一个课表当作体系,然后照单抓药、按图索骥。这个想法很好,但实际操作起来就会发现,公司的业务一直在变,员工的工作也一直在变,等课程体系建成了,再按照体系开发课程、开展培训的时候,体系又落伍了。实际上,最需要纳入培养体系的内容是组织多年积累的方法技能,而这些方法技能也是需要时间去总结提炼的。

卓越的品牌

企业大学是企业品牌形象的一个窗口。与其说客户购买的是你的产品，不如说购买的是你的能力。聪明的客户在选择供应商的时候会考察其能力培养体系，可靠的能力培养体系能够持续打造优秀的人才，优秀的人才能够持续研发出优秀的产品。事实上，用友大学最后确实成为用友品牌不可分割的一部分了。

这五大要素在每一次关键决策中都会起作用，每件事要重点做还是要应付一下，每一笔预算要不要花，都要看其能否跟这五个关键要素建立联系，是否有利于打造名师、名课？是否有利于形成自己的方法论和体系？是否有利于塑造卓越的品牌形象？《周易》恒卦有云："圣人久于其道而天下化成。"只有长期坚持风格，才能最终形成风格。

意识和潜意识双驱动逼近目标

解决问题无非是探索一条从现实到理性的路径，并沿着这条路径逐步逼近理想的过程。如果要激发集体智慧解决问题，就需要用一套行之有效的方法萃取和整合所有参与者感性和理性的智慧。我认为解决问题的方法才是组织智慧的核心，是一切方法论的源头。面对问题，在没有更具体和针对性的套路时，解决问题的套路总能派上用场。复盘一下10年前我们在用友大学头脑风暴未来愿景和确定核心要素标签的过程，不难发现，这个过程中至少有四个关键环节。

首先，重新定义。我们把用友大学的未来重新定义为：中国的克劳顿维尔。重新定义确定了未来的愿景和努力的方向，成长的空间和发展的动力恰好是重新定义出来的。重新定义是一种能力，更

第三章
复制普适的解决问题能力

需要勇气。走投无路的时候就是重新定义的绝佳时机。走投无路时要换一种方式或换一个方向来拓展生存空间，好领导都是重新定义的高手，他们很善于用不同的眼光审视我们熟悉的一切，从不放弃用新的模式替代旧的模式的努力。春风得意的时候也是重新定义的良好时机。有春风得意的感觉就说明业务进入了舒适区，毫不费力就能取得很好的效果，这时候如果不主动求变就有可能错失下一次发展良机，因为世界不会停下来等你慢慢享受成功的喜悦。重新定义不仅要定义起点，更重要的是要定义终点。老子说"知止不殆"，明确的终点会给人们带来前进的动力。重新定义的本质是用理性思维确定一个未来目标，驱动团队有意识地向目标进发。

其次，描绘成功画面。如果说重新定义是为了驱动意识脑的话，描绘成功画面就是为了让团队成员的潜意识向目标进发。如果正式的工作时间更多是受意识脑支配的话，那么工作之余的碎片时间则更多受潜意识支配，而潜意识能接受的指令恰好有是画面的、隐喻性的、暗示性的和象征性的。所以，花点时间为事业的巅峰时刻描绘一个令人向往、让人激动的逼真画面显得非常必要。人们常常不自觉地为自己的一个梦想画面的发生而付出全部的努力。理性的目标和感性的画面共同驱动意识和潜意识形成合力，让人向目标迈进。

再次，确定风格标签。再次回到理性空间。丹尼尔·平克说，客户购买的是风格，而不是产品本身。从这个意义上讲，世界上根本不存在完全意义上的竞争对手。哪怕两家公司的产品和服务一模一样，也会有风格的不同，而风格背后是基于各自价值观的选择，是资源和精力的投入。风格标签不仅是持续努力的方向，更是日常决策的指导原则。组织也罢，个体也好，唯有长时间地坚持自己的风格，才能活出风格。

最后，在实际行动中，坚持以目标、愿景画面和风格标签为指引。遇到艰难决策时，可以问自己：当前的选择是否在向既定的梦想画面逼近？是否坚持了自己的风格标签？在做业务设计的时候，我总是习惯问自己：这项设计是否体现了我的风格？能否贯穿两个以上的风格标签？唯有在既定的方向上坚持自己的风格，持续积累，才会逼近成功。

基本策略：群策群力地双框架逼近目标

如果问题的起始状态是明确的，目标状态也是明确的，我们就称之为良构问题（Well-defined），比如四则运算就是良构问题。反之，问题的起始状态或目标状态模糊，不能确切定义，路径也有多种选择，这样的问题称之为病构问题（Ill-defined），比如晚会穿什么衣服、如何写一篇好作文就是病构问题。很显然，经营管理过程中遇到的绝大多数问题都是病构问题。广义地说，制定战略、产品营销、产品研发、交付实施、处理投诉等都可以看作待解决的问题。我们当时是用解决病构问题的方法和策略规划用友大学的愿景和实现路径的。解决问题可以理解为探索从起始状态到目标状态的方法和路径。下面先介绍几个解决病构问题的指导思想和关键策略。

第三章
复制普适的解决问题能力

成果框架与过程框架

解决病构问题首要的工作是定义想要的结果。最好事先要有一个轮廓性的描述或框架性的定义。就像找对象一样,虽然不能一下子确定对象长什么样子,但可以先有一个轮廓性的描述,比如"高富帅""白富美"就是轮廓性的描述。这就相当于对结果进行了框架性定义。我将对结果的框架性定义称为"成果框架"。

成果框架一般分两部分:一个画面和三至五个标签。用友大学愿景规划的案例中,我们就用头脑风暴的方式描述了用友大学成为中国的克劳顿维尔的画面:如果我们的愿景实现了,将会产生什么样的情境?或者说,哪些画面将成为愿景实现的佐证?用问题引导画面,进而整合成蓝图。蓝图是驱动潜意识工作的感性元素,绝对不可或缺。在后来的一系列行动中,我发现当初那些画面无一例外都实现了,充分说明这些画面在背后驱动着我们的潜意识工作。后来我们开玩笑说,成功就是吹一个天大的牛,把自己架在火上烤,烧不死的鸟就变凤凰了。如果你的梦想说出来不能让自己脸红的话,就说明梦想小了。而人生最大的危险是目标设定小了。愿景画面不仅是给别人描绘的,更是给自己的潜意识的。**好的愿景有三个标准:灵魂欢呼雀跃,内在欲望蠢蠢欲动,自我意识有点不好意思。**

成果框架的第二部分是标签。很显然,标签是驱动意识的,更是聚焦能量的。用友大学的五个标签就起着凝聚能量的作用,事实上影响了我执掌用友大学期间的每一个决策,所有跟五个标签关联紧密的事情都优先决策,重点执行。

标签是压缩了的画面，画面是展开了的标签。任何组织的资源都是有限的，唯有长时间地坚持风格标签，才能成为有风格的人，才能有风格地做事。画面和标签都是整合能量用的，成果框架描述越具体、越独特，越便于整合团队能量，越容易达成力出一孔的效果。

目标明确了之后，还得步调一致。

过程框架也很重要。爱因斯坦说，解决问题所用的公式比结果还重要。我在团队里经常说，遇到问题可以没有答案，但必须先搞清楚要用什么方法和路径去寻找答案。病构问题没有明确的路径，解决问题的路径照样需要群策群力，进行头脑风暴。用什么样的流程和步骤逐步逼近我们想要的结果？实践中的做法是化繁为简，把大的、复杂的问题化为若干小的、简单的问题，然后用群策群力的方式头脑风暴每个小问题的解决策略和路径，解决若干个小问题的路径统筹组合，形成大的解决问题的路径。

结果框架和过程框架都要带领团队群策群力，进行头脑风暴，这就是双框架制造绝杀。

不完全归纳法与群策群力的"节拍器"

既然病构问题的解决方案不是唯一的，结果也不是特别具体，那么，解决问题的基本策略就是尽最大可能调动集体的智慧，过程中充满了对话和协商，通过研讨，找到团队一致认为可行的选择。参与者可以集体用一套决策机制在诸多选择里选一个相对较好的解决方案，这个方案虽然不是最好的，但目前在群体看来算是更好

第三章
复制普适的解决问题能力

的、能够接受的。这种策略叫作不完全归纳法。不完全归纳法的实质就是倾尽所有参与者的团队智慧，共创一个相对可执行的解决方案，当然理论上一定还有比该解决方案更优的方案，但限于团队的经验和认识水平未必能找到，只能用"多个臭皮匠胜过诸葛亮"的策略找到普遍认同的次优解。因此，其决策质量和可行性与参与者的人数和质量密切相关。

理论上讲，只要样本数量足够大、参与者水平足够高，用不完全归纳法得到的解决方案质量就会很高。我们经常会看到一些调查得出来的结论，这些结论也许不是很系统、很有逻辑、很全面，但也很实用，马上就能付诸实践。用不完全归纳法形成一个替代最优解决方案的次优解决方案，再把这个次优解决方案拿出来跟不同的团队在反复碰撞中迭代和优化——碰撞过程中也可以采取行动学习，多次迭代和修正后的结论也非常有说服力。

一切要整合团队智慧解决问题的过程，都需要有一个"节拍器"来保证参与者的思维能够同频共振。概而言之，思维可以分为发散思维和收敛思维两种，团队工作中的很多矛盾都是因为思维不同频造成的。比如甲刚头脑风暴出一个好点子，还没等他说完，乙评判说，你那根本就行不通。甲在用发散思维的时候，乙却用的是收敛思维，两个人都很容易感觉不爽，很难相互启发共创出好点子。群策群力的研讨过程要用"节拍器"保障参与者同一时刻用同一种思维思考，这样才容易同频共振、跨脑接力。

发散需要有条件、有边界，目的是尽可能挖掘好点子，更鼓励参与者在别人观点的基础上延伸、桥接、综合、再创，一般而言，单一的好创意未必有价值，多个好创意的组合发挥才更有威力，对解决问题的贡献更大。

收敛需要有标准，其目的是从众多创意中找出最理想、最可行的创意。当初共创的风格标签最有条件成为收敛的标准。在团队中交替运用发散思维和收敛思维，直到创造出满意的解决方案为止。

俄罗斯套娃模型与导弹模型

团队共创的解决方案在具体的实施中又可能会遇到新的问题。没关系，解决问题本来就是个摸着石头过河的过程，遇到新的问题，又可以定义其成果框架和过程框架，照样可以用群策群力的过程、不完全归纳的策略共创出新问题的解决办法。问题就像俄罗斯套娃一样一层又一层，解决问题就像割韭菜一样一茬又一茬。问题可以五花八门，策略却相对稳定，这才是以不变应万变的绝佳手段。

企业经营过程的本质就是持续发现问题并解决问题的过程。我最崇尚的是"割韭菜"的方式，永远只解决当前几个最突出的问题，就像毛泽东在《矛盾论》中所说的那样，优先解决主要矛盾。主要矛盾解决了，次要矛盾就会上升成为主要矛盾，再去解决。就像割韭菜一样一茬茬地找重点问题，采取行动。

组织的愿景和大目标确定后，各个业务单元要把业务实现过程化解成一个个可以单独解决的问题，问题解决过程中又可能发展出新的问题，问题解决后还要复盘评估，根据当前的位置确定新的阶段目标，新的阶段目标又是一个待解决的问题。这很像导弹逼近最终目标的原理。导弹是靠无限循环的反馈电路逼近最终目标的。首先控制器发送指令给执行器，执行器来驱动被控对象，被控对象的运动状态会被传感器采集并反馈给控制器，控制器再把被控对象的当前状态和目标状态进行比对，根据比对结果计算下一步控制策略，发送新的指令给执行器……控制器总是根据受控对象的状态来调整控制策略，一个无限循环迭代逼近目标的系统就这样形成了。

定格问题：基于病构问题的"四定"策略

基于病构问题的解决策略，在实践中我发展出一套九步36个字的病构问题解决方法论。头四步是：定义问题、定义起点、定义终点、定义边界；后五步是：探索可能、论证可行、形成方案、部署实施、复盘评估。头四步统称"四定"，意在让没头没尾、一片模糊的病构问题逐步清晰，下面逐一介绍。

定义问题

有客户抱怨某酒店的电梯运行速度不够快。酒店领导花高成本换了高速电梯。孰料，又有客户抱怨电梯反应迟钝：眼看着电梯在11楼，在10楼的乘客赶紧按下向下的按钮，电梯却径直下去了（实际原因是高速电梯不能急停）。如果当初把这个问题定义为"如何改进客户乘坐电梯的体验"，也许解决方案就很简单：根本不用换高速电梯，只需要给原来的电梯里装上一面镜子就好了，客户坐电梯时顺便照照镜子，就体验不到电梯速度慢了，问题迎刃而解。有时候对问题进行重新定义后,解决的方向和策略就完全不一样了。

另一个著名的例子是和尚下山问题。说一个和尚从早上太阳升起时开始爬山,上山下山只有一条很窄的路,他走走停停,时快时慢,太阳落山之前到达了山顶上的寺庙。他在寺庙里住了一晚,第二天太阳升起的时候又沿原路下山,依然时快时慢,他下山比上山走得快,下午三点就到家了。请问,和尚在上山和下山的两天中,是否会在同一时刻经过同一地点?(此处应该掩卷思考10分钟再继续往下读……)

这个问题如果重新描述一下的话,可以转换为两个和尚沿着同一条路同时出发,一个从山顶下山,另一个自山脚上山,请问他们能否相遇?答案是显而易见的,一定会相遇。同样,头一天上山,第二天下山的和尚当然也会在两天里的同一时刻经过同一地点。

同一个问题换一个角度看就不一样了。同一客观事实的不同描述,给人的感受会完全不同。屡败屡战和屡战屡败描述的是同一事实,但背后的精神内涵却大相径庭。

在现实中,面对同样的业务、同一个事件、类似的挑战,不同的经历者会有不同的感受和理解,他们对问题的看法和描述也会不同。所以,问题解决的第一步是让不同角色、不同利益的代表从不同角度描述他们遇到的问题,然后综合他们的意见,对问题有一个各方都比较认同的界定。从对问题的感知到对问题的精准界定,可以用行动学习的方法进行一轮发散和收敛。定义问题的结果可以是一句话,如"成为中国的克劳顿维尔"。我称之为宣言,**宣言越旗帜鲜明,越有利于问题的解决**。

第三章
复制普适的解决问题能力

定义起点

很多人看问题只能看到表象,并不能看到更内在、更深层的本质。定义问题的目的是通过群策群力的方式帮助人们看到问题的深层结构和本质特征。定义问题的过程实际上是解决问题的大方向与大策略的选择过程。有意思的是,对问题的不同定义也会影响对现状的感知和评价。一个有创意的问题定义,完全有可能让劣势变成优势,挑战变成机会。所以,定义问题完成后就要审视当前的状况和已经具备的条件。

很多时候,人们只有对问题的朦胧感受,甚至不同人感受到的侧面都不同,就像很多病人不能确切描述自己的病情一样。在群策群力解决问题的背景下,团队成员首先要对问题的基本认识达成最大限度的共识,这就是定义起点。定义起点就是进一步清晰当前的处境,就像医生问诊一样要了解病人的基本情况。

定义起点还可以包括对造成现状的原因进行分析,深层次的原因探究又是探寻针对性解决方案的前提和基础。寻找原因的过程是很专业,也很艰巨的。这个过程不仅要集思广益,尽可能探索可能的原因。更重要的是,还要深度探寻,触及问题的本质。原因越接近根本,解决问题越彻底。丰田的"五个为什么"就是在实践中非常有效的探寻深层次原因的工具。人类在探寻原因的时候,本能性地倾向于寻找易得的、简单的线索。同时,人们一旦对某个问题找到自认为还说得过去的解释后,好奇心满足了,认知的缺口就弥合了,再深入探索的兴趣就没了。"五个为什么"恰恰是为了攻克人类自身心理的这个局限设计的。当人们用规则硬性规定必须问五个问题，会发现越是后面的问题，越可能让人陷入深层次的思考。尽管五个问题未必总能让人找到深层次的原因，但可以确定的是，它总能让人陷入深层次的思考。举例来讲：

问：你为什么要做运动？

答：因为运动能让我更健康。

问：为什么运动能让你更健康？

答：因为运动能消耗更多的卡路里，燃烧更多的脂肪。

问：你为什么要消耗更多的卡路里，燃烧更多的脂肪？

答：因为那样能减肥，保持身材苗条。

问：你为什么要减肥？

答：因为吃多了。

问：你为什么吃多了？

答：因为我见到好吃的总是控制不了自己。

用"五个为什么"终于探索出了问题的真正原因：控制不住自己的饮食。问题因而也可以被重新定义为：如何控制好自己的饮食。所以，**分析问题的根源是解决问题的基础，也是解决问题过程中最重要的一环。**

定义终点

起点决定终点，终点也会决定起点，很多时候起点和终点是相互影响的。病构问题典型的特征是可能的选择不止一个，解决方案

第三章
复制普适的解决问题能力

也不止一个。这就需要前文讲过的成果框架的描述。病构问题从对问题的陈述到结果的描述,自由度和发挥空间都很大。病构问题也可以重新定义为发挥空间很大的问题。尽管我们有时候想要的结果就是一种感觉,甚至最初只有一个目标和意图,但仍然要尽可能通过不断地提问描述得更清楚一些。下面的问题可以让你对结果的描述更清晰。

- 问题完美解决的三个标志是什么?
- 客户最期待什么样的结果?
- 更高层领导期待什么样的结果?
- 问题要解决到什么程度?列举可以量化的指标。
- 问题解决后,客户的体验应该是什么样的?(纯感性描述)

尽管不能描述出最终结果的具体模样,但要尽可能地勾画出成果框架和评价标准。反复问自己这些意思接近,而表述形式不太相同的问题,有助于尽早确立成果框架。

定义边界

解决问题还要定义问题的边界。比如在全集团范围内解决问题还是在某个子公司范围内解决问题,就是两个完全不同的问题边界。问题的前提条件、约束条件等都需要事先界定,比如在什么范围、花多少钱、用多长时间、关注哪些干系人的利益、跟当前业务的紧密程度等都要尽可能事先描述出来。明确的问题范围能让团队研讨时方向更明确,针对性更强。哈佛大学特雷莎·阿马比尔教授研究指出,创新活动有明确的目标会取得更好的结果。

用专业术语讲，确定问题边界即是框定了问题的空间。
- 什么是可以利用的资源？
- 什么是必须遵守的限制？
- 什么是不可触碰的底线？
- 什么是能接受的上限？

任何问题都是有边界的，不可能在无限资源假设下探索解决方案。解决问题的团队只能在问题空间范围内头脑风暴，探索各种可能性。

化解之旅：从创建方案到部署实施

可以把"四定"理解为一步，就是让模糊的病构问题逐渐变得清晰，可称为澄清问题。澄清问题可以理解为解决问题的前奏工作。后续的实质性动作又可以分为五步：探索可能、论证可行、形成方案、部署实施、复盘评估。

探索可能的解决方案

问题分析完成后，团队接下来的任务是探索可能的解决方案。如果问题有几个子问题的话，每个子问题都要探索可能的解决方案，子问题完全可以看作全新的问题，用解决问题的流程再走一遍。

病构问题的解决策略遵循"不求最好，只求更好"的原则寻找次优解的方法。次优解是在既定资源和时间限制下的性价比最好的解。不是最优，却是到目前为止能接受的，比领导者个人拍脑袋要好的解决方案。

群策群力探索可能的过程需要参与者处于发散思维状态下，每个参与者尽可能多地贡献有价值的观点。就像头脑风暴的原则一样：暂缓评论，鼓励组合创新。这个环节我最深的体会是：个体只有在好的状态下才可能产生好的创意，团队要在好的氛围下才能共创好的方案。有的领导会蛮干，说："今天憋不出好点子不准下班。"实际结果往往会南辕北辙，好点子不是憋出来的。能产生好点子的内在状态要求是很高的，太严肃不能有效激活神经元的关联，太亢奋又不能冷静地思考，**只有在有安全感、归属感和被尊重的融洽氛围中，兴奋度恰到好处，才能产生有价值的点子**。而且，一次头脑风暴持续的时间也不宜过长，一般要控制在90分钟左右，否则大脑疲劳了也不会有上佳表现。

论证可行的想法

可能的想法可以头脑风暴出很多，但并不是所有的想法都有机会、有条件付诸实践。从诸多可能的想法中探索最可能付诸实践的想法，就需要逐一评估。要评估就要有标准、有依据。评估过程当然以收敛思维为主。

最直接、最常用的筛选依据就是与结果框架所定义的蓝图画面和风格标签的匹配程度。最匹配的当然优先采纳。实践中，部分匹配的想法我一般都会鼓励大家再次发散，看能不能改造得匹配度大一些，或者能再多兼顾一两个风格标签，这种有目的的改造常常会收到意想不到的收获。有条件地发散，有标准地收敛，发散中有小收敛，收敛中有小发散——这才是我在解决问题中奉行的法则。

另一个实用的筛选模型是从想法的预期回报和实施的难易程度两个维度交叉衡量的（见图3-1）。比较容易实施又预期投资回报高的方案当然要优先采纳了。预期回报一般但实施很容易，顺便就能实现的被称为"低垂的果实"，当然也可以付诸实践。预期回报高但实施难度也很大的解决方案就要详细论证了，落在这个象限的解决方案有可能处在当前能力和条件允许范围之外，最可能是未来的投资机会。预期回报一般而实施难度较大的选项就完全可以置之不理。

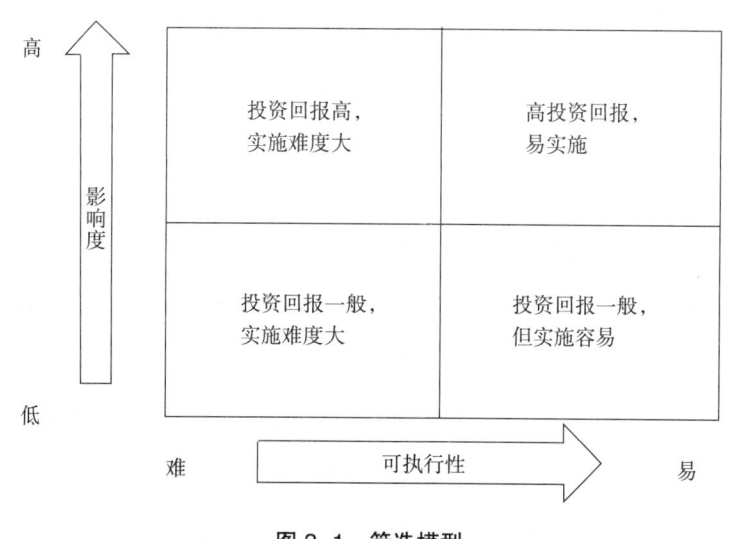

图 3-1　筛选模型

形成可执行的方案

尽管头脑风暴出来的有价值的点子很多，但在实践中，受资源和精力的限制，依然只能选择少数最有价值的想法付诸实践，而且

第三章
复制普适的解决问题能力

这些想法要整合成完整的解决方案。形成方案的过程就是把所有经过可行性论证的想法，综合架构成一个可付诸实施的解决方案的过程。这个过程需要一定的架构能力，也可以群策群力地进行，而且常常需要反复多次推敲和模拟。实现的步骤和路径一旦确定，就不再是纸上谈兵了，需要投入具体的资源和力量，因此，这个过程常常需要能拍板的领导参与。

自然迭代出好方案

实操中也可以是下属们组成几个团队群策群力地解决问题并各自形成方案。每个小组向有决策权的领导者和专家组成的评审团汇报方案，评审团可以对每个小组的方案进行点评，其他小组成员都可以旁听。所有小组汇报完之后，评审团宣布各小组根据评审团的反馈和借鉴其他小组的方案优化本小组方案。每个小组都可以无条件借鉴甚至直接照搬其他小组做得好的元素，进行下一轮汇报。可想而知，下一轮汇报时各个小组方案的相似度会提高，因为那些公认的好元素会被各组借鉴。如此三到四轮之后，各个小组的方案会趋同，这个趋同的方案可以作为最终的方案。这种做法叫德尔菲迭代法，我在课程开发、行动学习方案设计等场合屡屡用到，分小组冗余开发，再用自然淘汰的方法共同迭代出相对高质量的解决方案。

如果解决问题的团队比较大，也可以将问题分解，将团队分为若干个小组，再将不同的小问题分配给不同的小组架构方案，然后把各组的小方案再架构成整体方案，也是常用的方法。

好方案是拍砖拍出来的

我经常看到有人情绪激昂地跟人分享自己的商业模式，过程中一遭到听众质疑，就陷入为自己解决方案辩护的状态中，有时候甚至争得面红耳赤。听众感觉到再争下去会伤感情，心想又不是自己的事，何必较真，就转而说几句恭维的话，当事人这才心满意足。因为爱面子而回避质疑，把问题留在实施阶段，势必会付出更大的代价。理查德·鲁梅尔特在他的著作《好战略，坏战略》中指出："当我们有了一个想法时，我们往往会投入大部分精力去为这个想法辩解，而不是质疑。这是任性，即使是经验丰富的高管也不例外。简单地说，我们的思维总是倾向于逃避质疑并放弃早期判断带来的痛苦，而且我们还往往意识不到这种逃避。"

经得起质疑的方案才是值得付诸实践的方案，真正好的方案是拍砖拍出来的。形成好方案的另一个好办法是逢人便讲，认真听取别人的反馈。所谓"胜人者有力，自胜者强"，**能够在他人批判中学习的人是真正的强者，强者总是想办法超越过去的自己**。听取有价值的反馈并持续完善方案是最经济的做法，比起付诸实践发现问题再回来修正要付出更小的代价。我将这种方法戏称为"出门吹牛，回家疗伤"。多次"吹牛＋疗伤"后的方案相对更靠谱些。

部署实施解决方案

到了实施解决方案阶段，我们就已经成功把"解决疑难问题"的问题转化成为执行力的问题。要事第一是很重要的法则，如果一次头脑风暴后决定了很多条要落实的措施，那结果往往一条也落实不了。选择越多，困惑越多，精力越容易分散。要付诸实践的措施一旦选定，就要制订详细的计划，配套必要的资源和预算，每个任务落实到具体的责任人，确定关键里程碑，准备实施。

我比较推崇史蒂芬·柯维先生提出的 4DX（执行四要素）策略。柯维认为影响执行的因素很多，但这四个要素代表了其中 20% 的活动，而这 20% 的活动又创造了 80% 的成果。下面简单介绍一下。

要素 1：集中精力关注最重要的工作

人类天生就只能在同一时间里将精力很好地集中在一件事上。一个特别有效的时间管理策略是每天罗列自己要干的各种事项，把第四项及以后的各项全部删去，全力以赴完成前三项工作就可以了。因此，必须明确定义团队中最重要的两三个目标，并小心仔细地对它们进行调整，使其与组织的战略目标保持一致。

要素 2：树立一块有督促作用的记分牌

微信运动因为能记录每个人每天运动的步数，客观上成为激励、督促人们运动的工具，甚至还能看到自己的运动量在朋友圈中的排名。工作也是如此，有明确的阶段目标和衡量标准的工作，对人有巨大的驱动力。随处可见的、团队之间可比较的记分牌在一定程度上把工作游戏化了。

要素 3：将抽象的目标转换成具体的行动

写在纸上的战略和付诸行动的战略有很大的不同，付诸实践的战略是团队每天都要做的事情。领导者要把战略划分为每个员工实实在在要去做的工作，让每个员工清楚地知道自己应该做什么，并且清楚他们所做的事情跟战略的关系。把员工的具体工作跟战略目标结合起来之后，就可以大胆授权，给员工灵活的创新空间，员工会为结果负责。

要素4：让员工们互相负责

团队为一个共同目标而努力，每个成员的工作进展都事关整个目标的实现。所以很有必要营造团队成员相互负责的氛围。典型的做法是召开工作例会或晨会。我做销售总监的时候会坚持每周一召开销售例会，收效极好。这种例会一般做四件事。

通报进展：通报各项工作的进展情况，集体庆祝团队取得的阶段性成绩。

表扬先进：对上周表现好的团队和个人提出表扬。

部署工作：根据上周执行情况，做出必要的调整，以免偏离目标轨道。

协调资源：给需要支持的团队和个人必要的资源，清除前进道路上的障碍。

复盘评估问题解决效果

问题解决的最后一个环节是评估问题解决的效果。是否有效地解决了问题，达到"识别与界定问题"环节所界定的结果要求。

一方面，要评估解决问题措施的有效性。是否达到了最初预期的目标？如果达到了，经验是什么，从中能够学习到什么？如果没达到，原因在哪里？教训有哪些？从中可以学习到什么？如果问题没解决或又出现了新的问题，还可以从头走一遍解决问题的流程。另一方面，要评估解决问题框架的有效性。任何组织都可以在解决问题的基本方法和步骤的基础上，逐渐发展出自己独特的方法论。

我坚持认为，问题解决和复盘是前后呼应的一对动作，没有复盘的解决问题是不完整的，解决问题的方法和成果可以通过复盘上升到组织决策的维度或成为做事的方法流程。没有按照解决问题流程开展的工作，也无从复盘。因为复盘首先要回顾目标、评价结果，当初没有定义成果框架，又怎么进行回顾和评价呢？

灵活运用：解决问题能力是一种素养

解决问题方法论是最广谱的方法论，一切摆不平的事，都有一个终极的广谱框架，那就是解决问题框架。本章介绍的解决问题九步36字可不仅仅适用于很正规的需要团队群策群力解决的大问题，实际上只要会灵活运用，解决问题的思维可以运用到工作和生活的方方面面。

倘若要再简单一点阐述解决问题的方法精髓，我认为无非是八个字：**框架思维，群策群力**。所谓框架思维，就是面对从来没遇到过的问题，试图定义出想要的结果框架和如何实现的过程框架。我经常说，遇到问题首先要想到的是你想要的结果及用什么过程和方法逼近这个结果。所谓群策群力，就是充分调用团队的力量解决问题，过程中需要团队思维能够同频共振，运用发散思维头脑风暴出好点子，运用收敛思维筛选出可行的点子，最终形成解决问题的方案。把握以上精神实质，解决问题思维就可以运用到工作的方方面面。

解决问题式授权

很多管理者对授权有顾虑。不授权自己干不过来，授权了又担心下属工作质量不过关。如何做到大胆授权且结果相对可控？如果把授权给下属的任务当作一个病构问题来解决，领导和下属坐在一起按病构问题解决的思路，**共同定义出任务的结果框架和过程框架，再交给下属具体实现，效果就会好很多**。领导和下属共同确定结果框架和过程框架的过程，也是相互影响的过程。这个过程中有机会把领导心目中那些原则性和指导性的想法具体细化，进一步明晰领导的要求，清楚任务的目标；也方便下属有机会结合自己的具体情况再开始更深入地领会领导意图，创造性地参与设计，执行时更能够根据实际情况创造性地发挥和适应性地改造。

授权实际上是上下级的共创过程，而不是简单的一句话。设计阶段领导和下属定义的结果框架和过程框架越清晰，执行阶段下属就越容易把握方向和原则，甩开膀子干。除非遭遇新的情况不得不改变当初的结果框架和过程框架，否则不用再频繁地中途请示领导。而任务完成后的汇报和检查也变得简单了，有共同目标和行动纲领的事情也容易检验，直接以设计阶段定义好的成果框架和过程框架比对就可以了。久而久之，组织中就会形成一种共同的解决问题语言。

带着解决问题框架的向上管理

我经常把解决问题的方法套路用在点对点的两人沟通场景中。比如，领导安排一项工作，但要求模糊，指示不够清晰，这显然是定义模糊的病构问题。这种情景下你要是按照自己的理解去做，最终的结果多数情况下是领导不满意。倘若你一开始就让领导给你一

第三章　复制普适的解决问题能力

个清晰的指示，而领导自己也没有深入思考，这种情况下就要带着病构问题解决的框架与领导沟通，先进行"四定"：我们面对的究竟是一个什么问题？想达到的效果是什么？出现什么场景说明我们想要的效果实现了？能不能用三个形容词来描述最理性的效果？能够允许使用的资源最多有哪些？诸如此类，围绕病构问题解决框架可以造出一堆有价值的问题，这些问题自然能够把你和领导带入方案共创状态。事实上，任何有价值的方案都是共创的，干系人投入了精力、深度参与的方案才是值得去付诸实践的方案。头脑风暴出了一些好点子之后，就可以进入评估环节，双方达成最大程度的共识后再形成初步方案。

　　我早年工作的时候，领导给我们分派任务：设计一个某某方案。因为缺乏思路，所以我们没完没了地问领导，这个方案应该是什么样的？如何设计？可能把领导问得不耐烦了，他只好回答说："方案应该是什么样的我也搞不清，但你要是能拿出来一个方案，我能判断它是不是好方案。要不你先准备一个初稿，我们一起边评审边探讨吧。"于是，我们就先拼凑出方案1.0版，召开评审会，让领导和同事们拍砖，大家一通猛拍后，大概就知道下一版的修改方向了。然后快速改进后升级为2.0，再评审，再修改。就这样，用快速迭代的方式持续改进，直到形成一个大家都认为不错的方案。后来我们自嘲说："画不出美女就先画一个丑女来让大家批判，根据批判的结果一点点把丑女改成美女。"人们经常不能确切描述自己想要的东西，但当你给他呈现一样东西的时候，他却通常能迅速判断出该东西是不是他想要的。

这种策略不恰恰是本章讲的割韭菜似的连环解决问题策略吗？只有带着框架工作，才能在工作中充分发展解决各类问题的方法技能，而方法技能显然很容易跨界迁移，积累久了，自己就会成为一个做任何事情都有招数的人。

让人豁然开朗的咒语：典型的病构问题

把解决病构问题的方法当作知识学习，一点都不难理解。问题是，在现实中遇到实际问题，我们常常会陷入其中，并不能有效提取和运用这些知识来解决实际问题。我认为，凡是业务上的挑战，总可以尝试用解决问题的方法来处理。

怎么办呢？实践中我发展出一句咒语：这是个病构问题。当我遇到挑战没有思路的时候，会不问青红皂白地大喝一声："这是个典型的病构问题。"话音一落，马上就觉得自己有思路了：定义问题、定义起点、定义终点、定义边界、探索可能……一串流程和步骤走完，会感觉问题真的有解了。我屡屡应验了这个咒语的神奇，而且真的可以野蛮关联。关键时刻只要你能喊出这句咒语，思路和方法就会如影随形地跟着来，一下子让人豁然开朗。

与我相处较长时间的同事或学生，经常会请教我问题。赶上我也没有具体思路的时候，我也经常习惯性大喊一声：这是个典型的病构问题，你先走一下流程。对方就会冲着我呵呵一笑，说回去再思考一下。之后，通常会得到他自己已解决问题的反馈。

因此，我认为解决问题的方法和能力应该成为现代人的基本素养，更应该成为现代组织的普遍技能。而这种典型的方法技能和具体的工作场景相对无关，能够非常灵活地跨界迁移，是组织智慧的核心。

业务设计：无非是系列待解决的病构问题

前文论述过，互联网时代领导者要应对快速多变的商业环境须具备四项开展业务的基本能力：业务设计、解决问题、经验萃取和复盘反思。而这四项能力又可以分为两大部分：业务设计和解决问题其实都是解决问题能力，业务设计不过是一个特殊的病构问题；经验萃取和复盘反思可以共同归为从经验中学习的能力，只不过经验萃取更多的是间接经验学习，复盘反思更多的是直接经验学习。

业务设计无非是系列病构问题的组合，其目的都是整合资源服务客户。概而言之，业务设计过程可以理解为：寻找客户、定义产品、确定商业模式这三个典型病构问题的结果过程，以下简单介绍前两个病构问题。

寻找客户

彼得·德鲁克认为，企业的唯一使命就是创造顾客。企业生存必须回答的问题是：我们的客户是谁？用什么途径找到理想中的客户？用什么样的产品和服务满足客户的需求？如何与客户建立牢固的、长期的纽带？这些问题都可以当成病构问题来解决。

比如确定细分市场的用户画像，其成果框架就是要定义出什么样的客户才是你要服务的客户。策略是可以在已有的客户中找到现有的产品和服务最能满足的、客户满意度最高且贡献又大的客户样本，进行交叉类比，定义出客户的核心特征，形成用户画像。当然还要有过程框架，市场营销惯用的 STP（Segmenting 细分、Targeting 目标、Positioning 定位）理论可以理解为寻找客户的过程框架。结果框架定义出衡量结果的维度，过程框架定义出从现状走向结果的路径，一切创新都在既定的范围内按既定的路径有序进行。思维框架的好处有两点：其一，更节省脑力，思维方向明确，避免过多思考；其二，在团队工作场景下，大家更容易同频共振，有章法地整合团队智慧。

定义产品

用户画像明确之后，定义产品依然可以看作病构问题的解决。组织以产品和服务的形式整合自己的核心资源和能力，以满足客户的特定需求。产品是连接客户的纽带，要满足客户的哪些特殊需求？这个问题的答案就是产品定义的成果框架，也是产品的特性。产品无非是用各种特性满足客户的特殊需求。实际上，产品不仅要用功能满足客户的基本需求，还要用独特的风格满足客户的更高需求。风格实际上是凝聚能量用的，旗帜鲜明地凸显自己的风格有利于各种资源和团队能量的聚焦。定位理论认为，建立品牌就是要实现品牌对某个品类的主导，成为某个品类的第一。当消费者一想到

第三章 复制普适的解决问题能力

要消费某个品类时，立即想到这个品牌，说明该品牌已经成为某个品类的标志。

定义产品这个病构问题的成果框架就是产品的核心特性和风格。比如食品厂要开发一款给儿童吃的饼干。首先，定义问题：开发一款好吃更好玩的饼干。其次，定义成果框架：风格标签，如精致、益智、温暖等。再次，盘点起点（现在具备什么条件）及限制条件：如成本、工艺等，弄清起点和边界。然后头脑风暴可能的选项：饼干可以有很多特性，如口味、口感、结构、造型、颜色、包装等。理论上，每一个维度都有若干种可能，比如口味，可以是巧克力、奶油、果仁、草莓、芒果……每一个维度都可以头脑风暴出若干可能。如何在每一个维度上做出选择，以凸显产品的风格：精致、益智、温暖？

产品开发的过程先是穷尽各个特性上的可能性，可以发动群众头脑风暴，找到尽可能多的选项。选项足够丰富后，又可以根据"精致、益智、温暖"三个风格标签和成本、工艺等限制条件来筛选最可能的选项。用这些选项的组合定义出产品的特性。

饼干是最简单的例子，我想要表达的核心思想是：**可以用框架思维和群策群力的病构问题解决策略，解决一切经营中遇到的病构问题**。因此，解决病构问题的能力可谓内功，属于方法论和基本素质层面的核心技能。

同样的道理，产品营销、商业模式、产品研发等，也都不过是不同的病构问题而已，可以用同样的方式进行。

企业大学要做内部的麦肯锡

企业经营的过程可以理解为不断发现问题并解决问题的过程，领导者的重要职责就是解决问题。百年基业的企业较之一般企业不同的是：百年基业的企业有自己的解决问题方法论，用不变的方法套路来解决各种问题。一般的企业却没有不变的解决问题方法，不同的领导有不同的套路，大家八仙过海，各显神通。组织没有体系化能力，容易造成对关键人物的过分依赖。当关键人物离去，业务立马萎缩。所以，有可复制的解决问题方法论可以看作是组织发展成熟的标志之一。

做内部的解决问题专家

传统的企业大学在组织的定位多少有些尴尬。如果一点不涉及业务，必然会沦为"课程贩子"，像采购部门一样采购各种各样的课程，企业大学没有自己的独特价值；如果深入业务，一方面不可能有足够的资源配置来提升各个岗位人员的岗位技能，另一方面，就算把岗位技能培养得比业务部门还好，也只是替业务部门做了他们该做的事情。组织能力提升是一个庞大的系统工程，企业大学在内部的重要角色之一是扮演内部的咨询机构，业务部门有真实的业务问题，企业大学有专业的解决问题方法论，问题解决了又能设计成专业的课程在全组织范围内展开轮训。这样企业大学就和内部业务部门形成优势互补的紧密合作关系，扮演了内部业务咨询机构的角色。

第三章
复制普适的解决问题能力

讲到这里，你可能会问：社会上有的是优秀的咨询机构，何必要让自己的企业大学扮演内部咨询机构角色？确实，花点钱把问题甩给外部咨询机构是最省事的做法，但这样做毕竟没有把核心能力建立在自己身上。对组织而言，外部的咨询机构并不能深入了解你的问题，咨询过程无非是把你的具体情况"掰碎了"装到他的框架里，得出一纸报告就算圆满完成，也不会跟踪后续的执行。而内部机构有咨询能力就大不相同了，企业大学与业务部门完全可以发展成为长期的陪伴成长关系。

10年的企业大学校长经历带给我的最深的感悟之一就是：**花钱请外部机构完成某项工作固然效率高且省事，但同时把内部团队成长锻炼的机会也拱手相让了**。真正有效的学习是在解决实际问题中学习，最有效的培养是在工作中培养。做事和培养人割裂，用中医的病症来类比的话，就是典型的心肾不交。事都是人做的，有多大的能力做多大的事情，业绩很大程度上是由员工的能力决定的。在解决实际问题中培养团队解决问题的能力，团队具备了解决问题的能力又能够解决实际问题，二者相辅相成。领导者最常犯的错误是把注意力全部聚焦在问题本身，而忽视通过解决实际问题来培养员工能力。长此以往，未来的业务也会越来越难开展，因为团队能力是实现业绩持续增长、解决实际难题的最关键因素。

GE如何批量"制造"领导者

我去GE考察时，GE的教授说："在GE，尽管我们不知道明天会遇到什么挑战,但是无论遇到什么挑战,我们都有应对它的方法。"世界500强企业的CEO中大约有三分之一的人有在GE当职业经理的经历。世界500强是遍布各行各业的,为什么GE培养的人才总能够轻松胜任?足见GE的继任计划和人才培养确实非常有效。

那位教授还有一句话让我印象深刻:"杰克·韦尔奇和杰夫·伊梅尔特也只不过是克劳顿维尔的两个产品,即便没有他们,我们也照样能造出胜任的CEO来。"按说杰夫·伊梅尔特有些运气差,上任四天后就赶上了"9·11"事件。"9·11"事件让美国的经济倒退了10年,而这10年中GE的业务却依然顽强地维持着两位数的增长,凭什么?我后来在杰夫·伊梅尔特的著述中找到了答案:"9·11"事件之后美国有大批的巨头公司轰然倒塌,GE就用低廉的价钱收购那些倒闭公司的优质资产,然后派领导者采用GE做事的方法论将其改造成GE风格的运行模式。克劳顿维尔就是GE的领导者生产"工厂",这些用群策群力、六西格玛之类的方法技能武装起来的职业经理人能够适应各种复杂的经营环境。GE的多元化战略之所以能成功,恰恰是因为能批量生产领导者。从那以后,我才深刻地理解到方法技能是组织智慧的核心。

在解决问题中培养人

假如企业大学能够成功地扮演企业内部麦肯锡的角色,那么,每每用解决问题方法论帮业务部门解决问题的同时,也能培养出一批掌握这套方法论的业务骨干。高级别的人掌握了这套方法论又会

第三章
复制普适的解决问题能力

在他们的团队中应用和复制，久而久之，自己独有的解决问题方法论就能够在全组织内普及。事实上，20 世纪 GE 能把行动学习和六西格玛在全组织范围内普及，使行动学习和六西格玛成为基本的工作方式，也是靠这种模式。杰克·韦尔奇还作为播种机亲自在克劳顿维尔上课做示范，克劳顿维尔的所有领导力培养项目都是问题导向的，上课并不如我们想象的那样给学员很多知识，而是一开始就给出学员实际的问题，让学员形成团队，用六西格玛流程和群策群力的方式去解决。唯有如此，才能在解决问题中培养人，再用受过训练的人解决更复杂的问题，形成良性循环。

诺埃尔·蒂奇说，成功的领导者会教导他人成为领导者。越注重培养员工能力的团队，未来业绩就会越多依靠团队能力支撑，而非仅靠抓住机会。没有人持续拥有每把都能抓到好牌的幸运，但真正的高手总能把好牌打赢，让差牌不输或少输。企业经营过程中也一样，靠机会的增长不可持续，靠能力的增长才是根本，能力却要在过程中逐渐培养，领导者只有意识到把能力建设工作渗透到每一项具体的工作任务中去，始终兼顾工作绩效和员工成长，团队才能够"心肾相交"，健康发展。

GE 的经理人认为从直接主管身上所接受的指导与训练才是他们成功的最重要因素。作为领导者你可曾想过：员工选择在最年富力强的青春时期在你的麾下奉献，你是否意识到除了业绩之外，更应该为他的未来职业发展负责？

眼下，很多互联网企业都以超常规的速度蓬勃发展。很快，业务的快速发展和团队能力成长不足之间的矛盾就会凸显。换言之，业务发展的速度远远大于领导者心智迭代的速度。二者背离越远，发展的隐忧越大。正如约翰·惠特默所言：我只能控制我意识到的东西，我意识不到的东西控制着我。**唯有把搞业务和培养人有机结合起来，才能让组织健康永续发展。**

第四章

成为能创造和输出知识的企业

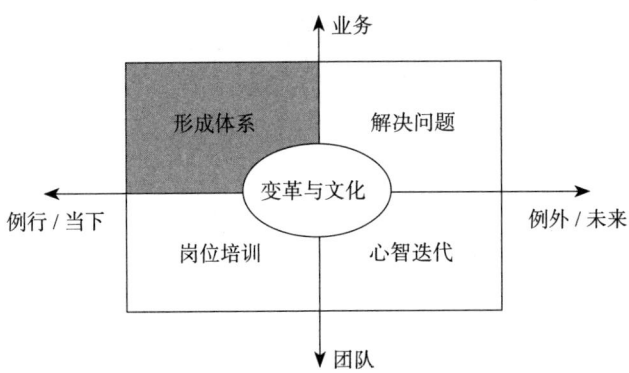

- 经营业务,同时也经营知识
- 生产产品,同时也生产方法论
- 经验萃取:快速复制最佳实践
- 复盘反思:找差距、找原因、找方法
- 复盘是最好的教学

第四章
成为能创造和输出知识的企业

组织学习领域比较流行标杆学习、经验交流这样的学习模式。事实证明，这种模式的效果并不好。我仔细研究发现，经验交流模式背后有三大死穴。

首先，经验分享者动机不纯。分享者把分享当成了一次露脸的机会，并未考虑如何让受众从他的分享中受益，而是在想办法展示自己的优秀，内容难免过度装饰。

其次，受众很容易心态不好，用批判的心态听讲。分享者在台上讲，受众在台下琢磨：你不就是因为跟领导关系好，领导安排你分享的嘛，有什么特别的，你做的这些我们早都试过。无论分享者讲得好不好，受众都有四个字等着他：不过如此。

再次，就算前两个都不是问题，分享者真心想帮助受众学习，受众也真心想学，组织者仍高估了受众从别人经验中直接汲取滋养的能力，还天真地认为受众能从分享者的经验中萃取知识并应用到自己的工作中去。事实却往往并非如此。因为经验和具体的场景、当事人的特质紧密地裹挟在一起，受众很难辨识其中起作用的成分，处在批判位置的他们常常会放大一两个明显的差异，一股脑地否定分享者的全部经验，就像把孩子和洗澡水一起倒掉。他们会说，你讲的那套专业的做法只适合经济发达、思想前卫的地区，在我们这里做项目凭的是酒量，喝好了一切都好办，你说得再好都没有直接喝一瓶管用。

知识并不能直接改变命运，只有知识转化成能力，能力才能改变命运。而从经验到知识也需要提炼与转化。因此，经验到能力之间还隔着两道很专业的门槛。组织者罔顾这两重障碍不专业地蛮干，结果不好也是理所当然的事情。人类最大的浪费是经验的浪费，没有将所有经验都转化成知识，因为从经验到知识确实需要很强的专业能力。

经营业务，同时也经营知识

把经验升华成知识并广泛地传播，是人类在进化过程中快速与灵长类动物拉大距离的关键能力。你可以想象一下，有一只大猩猩本领非常大，能轻松爬到很高的树梢上摘果子吃，日子过得很幸福，连跟它的小兄弟都跟着沾光。遗憾的是它不会写书，也不会讲课，不能把自己的经验转移给其他大猩猩。有一天它去世了，整个猩猩群体又得从零开始。而人类则不然，在语言文字和社会传播的帮助下，现在的人可以很方便地向全球的人学习，甚至可以借助书本向2500年前的古人学习。一个人的研究可以让全球的人类受益。这种积累效应会成指数型发展。遗憾的是，并不是所有人都具备将具体的经验升华成知识的能力，因此，人类依然有大量的经验被白白浪费。普通人如何把自己乃至别人的经验升华成知识？这需要掌握复盘和萃取的方法和工具。

交叉类比：探究事物背后的核心特征

知识一般分为描述性知识和程序性知识，描述性知识又分为事实性知识和概念性知识。人们决策时一般用到的是概念性知识。概念性知识背后是该概念涵盖的核心特征，每个核心特征都可以理解为构成概念不可或缺的一个重要的维度。而决策失误往往因为忽视了事物背后某个起关键作用的维度所致。发现事物背后起决定作用的维度，才能够有意识地运用这些维度做出正确的决策。

概念是在具体经验的基础上抽象而成的。概念的抽象过程就是探究概念背后核心特征的过程，形成概念的抽象过程靠的是辨别和类比思维。举例说：人是怎么发展出鸟这个概念的？谁能定义一下什么是鸟？有人说，鸟会飞。但鸵鸟和火鸡都是鸟，都不会飞。有人说，鸟有翅膀，但蝙蝠也有翅膀，却不是鸟。怎么才能定义出鸟这个概念呢？一个简单的办法是寻找样本，再交叉类比。比如喜鹊、麻雀、鸵鸟、乌鸦、鸽子等都是鸟，我们找出每一种具体的鸟身上的特征，会发现这些鸟身上有几个共同的特征：两条腿、有翅膀、有喙、卵生、长羽毛。这几个共同特征就是鸟区别于其他物种的核心特征，除了这些核心特征外，每一种鸟还有自己的独有特征，比如浑身乌黑、叫声很难听等，是乌鸦这种鸟独有的特征，这些特征可以称之为表面特征，也就是不影响其根本属性的个性化特征。我们把黑天鹅也认定为天鹅，是因为羽毛的颜色并不是区分天鹅的核心特征（见图4-1）。

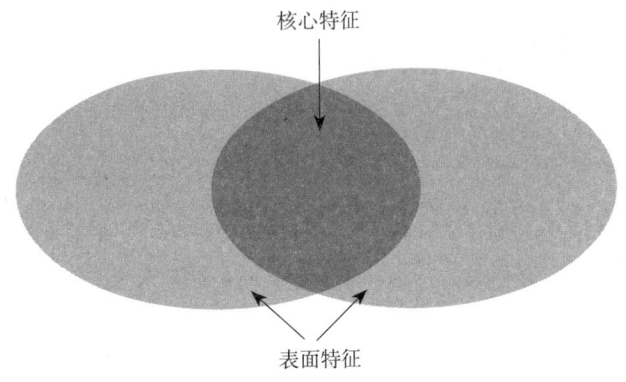

图 4-1 概念的形成

通过多个具体样本的交叉类比，能够找到事物背后起决定作用的核心特征，核心特征之间往往还有各种内在联系，这种内在联系我们称之为深层结构。专家和常人的重大区别也正在这里，**专家能够抓住事物的核心特征和深层结构，而常人一般只关注事物的表面特征和浅层结构**。常人看人的眼睛只关注是单眼皮还是双眼皮，而老中医看眼睛则能从中推断你的肝功能好不好。

用体系化能力建立和维护体系

只有在多块具体的经验碎片中探知背后起作用的、造成效果差异的核心特征，再在实践中刻意运用，才能使偶然正确的事情变成必然成功的事情，把部分人的独有能力变成普遍能力。这个原理运用在工作中能发挥巨大的作用。在快速多变的环境下，情境常常逼人要用全新的方式做事情，谁也没有现成的方法和套路，都是摸着石头过河。但是积累几个成功的案例之后，我们就可以尝试用交叉类比的方式探究其背后的关键特征，也可以叫作成功关键要素。探索出这些关键要素，偶然成功能变成必然成功，局部成功能变成普遍成功。这种能力，我称之为体系化能力，而体系正是体系化的产物。

在互联网时代，不要妄想用一套不变的体系来规范和指导快速多变的业务。有很多人热衷于建体系，甚至想走捷径照搬别人的体系，殊不知人家的体系也是多年来从无到有积累的，你一股脑完全照搬岂不是小头戴个大帽子，还没有享受到体系的优点，就先被体系的烦琐给束缚死了。**而真正的体系应该从自己的业务实践中发展出来，而且要与时俱进地动态迭代**。这就需要组织必须具备从经验中萃取知识，用体系化能力建立自己的体系并动态迭代地维护自己体系的能力。而交叉类比正是体系化能力的核心。很多人热衷于学习别人的知识，却不知人家是怎样产生这些知识的。

优秀的组织懂得经营知识

企业不能只生产产品，在生产产品的同时，还必须生产知识。产品和知识也是阴阳互补、如影随形的关系。很多企业家都特别热爱学习，但学习的内容不是现成的知识就是别人的经验，忽视了自己的组织在开展业务的同时也应该能够持续生产知识和经验。为什么要生搬硬套学别人？还是因为不具备把自己的最佳实践和经验升华成知识的能力。

比如有人撰文《打造差异化优势的五个妙招》，很多人就会趋之若鹜地去学习。很少有人会思考：为什么他能总结出五招，而我就不行？我能不能在实际经验的基础上也总结出三招两招？须知，所谓的知识无非是在以前的、别人的最佳实践基础上总结升华的一些形而上的关键要素，学习者把这些关键要素奉若至宝却未必能解决自己的问题。为什么不能在自己组织内部做同样的总结升华，把局部做对的事情推广到全局，把偶尔能做对的事情变得次次能做对？

从实践经验中总结升华背后的核心特征和深层结构的能力才是在工作中生产知识的能力，才是体系化的能力。**体系是鱼，体系化能力是鱼竿和渔网，体系化的能力远比体系本身重要得多。**

企业优秀到一定程度，就会对外输出自己的知识体系和方法论。甚至可以说，输出文化、知识体系和方法论是企业经营成果的重大标志，GE的群策群力和六西格玛、丰田的精益生产等都是成功企业对外输出的方法论。只要有经营活动，必然能够如影随形地生产自己的文化、体系和方法论。为什么大部分企业不具备知识体系和方法论呢？一言以蔽之，负责组织学习的部门还不够专业，不能成为内部的麦肯锡。

生产产品，同时也生产方法论

彼得·德鲁克认为，企业经营无非两大核心任务：一是做正确的事，二是把事做正确。做正确的事背后的能力是把握事物背后的核心特征和深层结构，才能在关键时刻做出正确选择。把事做正确

第四章
成为能创造和输出知识的企业

靠的是高效的流程,靠的是方法论。

方法论属于程序化知识的范畴,规定完成某一类任务的流程、步骤、方法和工具,使得做事的过程可以重复,效果相对有保障。如何在生产经营的过程中同时生产和迭代方法论?这是又一个值得探讨的话题。

大脑的三种工作模式

我们的大脑每天处理的各项事务大致可以分为三种类型:第一种,完全自动化进行;第二种,有现成的方法流程;第三种,临时想办法解决问题。处理不同的事务,大脑的工作模式也不同,借用开车来说明这三者的不同。

情境1:你在路上边开车边听音乐,突然,前车急刹车,你也下意识地把车刹住了。这个过程你完全是自动反应,靠潜意识完成。

情境2:你开车到路边要停车,正好前面有车,后面也有车,中间空出一个车位来。你心里很有把握,这就是一个标准的侧方位停车,在驾校学过,算是有现成的方法。你略加思索就能把车停到中间这个车位里。

情境3:当你办完事准备开车回家的时候,发现有人把车停到你的车旁边。你目测了一下,感觉前车和旁边车之间的夹缝够一车宽,你的车是可以开出来的,但需要慢慢腾挪。这就是一个全新的问题,你要临时想策略来解决。

借用英国教育理论家罗密索斯基的理论分析一下三种情境下的

心理过程。他把大脑处理信息的机能虚拟为四大模块：感应器、存储器、处理器和效应器，这四大模块与意识的四大机能正好一一对应：感知、联想、评估、决策（见图4-2）。

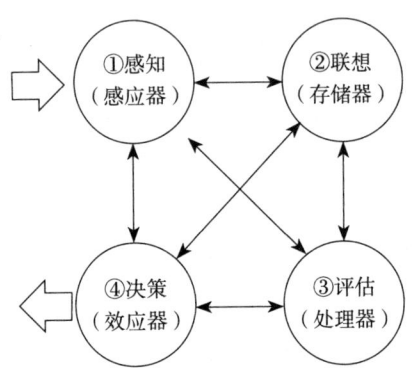

图4-2　大脑处理信息的机能的四大模块与意识的四大机能

情境1是从感知直接到决策：①—④模式。

情境2是从感知到联想再到决策：①—②—④模式。

情境3则需要从感知到联想，再到评估，最后到决策：①—②—③—④模式。

大脑学习的过程实际上就是试图把临时想策略的过程逐渐转化成有现成策略的半自动化过程，再逐渐把半自动的过程逐渐转化成潜意识直接反应的自动化完成过程。无论是①—②—④模式，还是①—②—③—④模式，大脑都会自觉把解决问题使用的策略和办法存储起来，即①—②—④—②或①—②—③—④—②，以备将来遇到后调用，这个存储实际上就是学习过程。

脑神经科学进一步揭示：①—②—③—④这种全新情境反应模式，亦即解决问题模式，全靠大脑前额叶完成；而①—②—④反

第四章

成为能创造和输出知识的企业

应模式,则会激活顶叶,通过大量练习后,一些现成的解决问题的方法和策略会转移到顶叶完成;至于①—④反应模式,则根本不用经过大脑皮层,丘脑、小脑和基底神经节配合就可以自动完成。所以,总结和提炼方法技能的根本目的是解放前额叶。专家做事的时候激活一大片脑区,前额叶很轻松,所以显得自在从容,游刃有余。而新手做事的时候全都没有现成的策略,全靠前额叶临时想办法,工作记忆区负荷严重超载,所以显得手忙脚乱,捉襟见肘。

凡事只要是①—②—③—④的解决问题模式,就可以用第三章所学的解决问题方法论进行。解决问题方法论是最普遍适用的方法论。在没有具体方法论可用的情况下,都可以用解决问题方法论定义成果框架,再逐步逼近想要的结果。当问题得以解决,就很有必要回望解决问题过程所走的实际路径,拷问实际路径中的每一个环节:这个环节能直接删除吗?能优化吗?有更好的方法替代吗?通过对每个环节的评估和优化,试图搭建一条解决此类问题的专用路径,将操作过程程序化。在方法论的指导下,就可以把摸着石头过河的事情变得可复制且效率更高。

比如说乘法口诀,我们都会。七八五十六,三七二十一,随口都能说上来,虽然是乘法,但大脑内根本没有运算过程,大脑的运算技能没有被激活,就直接报出了结果,因为这个结果我们已经背过了。这个过程就是标准的①—④模式。如果我问你,77乘以88等于多少?你随口报不出来吧。但是你心里一点不慌,因为你会列竖式,知道能得到正确答案的套路。两位数的乘法列竖式有一套现成的流程能得出答案,这就是典型的①—②—④模式。再挑战一下,有一个竖式(如图4-3),请你把从0到9这10个自然数填进去,每个数必须用上而且只能用一次,使这个等式成立。这种情境你连现成的套路也没有了,只能根据一些原则进行尝试,而这个尝试的过程就是①—②—③—④模式了,也就是解决问题模式。

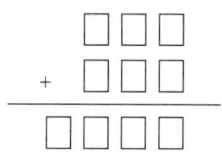

图4-3 竖式题

假如每天的工作都是①—④模式,时间长了会是什么感觉?枯燥、无聊。假如每天的工作都是①—②—③—④模式又是什么感觉?抓狂、崩溃。其实人是一个奇怪的物种,行走在无聊和崩溃中间,会觉得过得挺有意思的。①—④模式下,其实行为脑和情绪脑挺享受的,但认知脑觉得不爽,这样没有追求,就会发出声音:再也不要这样活,要有更高的追求。①—②—③—④模式下,则远离了自己的舒适区,行为脑最懒,喜欢按惯性做事,因此它要造反,情绪脑也因为不爽跟着起哄,认知脑也有可能承受不了新模式的认知负荷,三脑集体罢工就会造成崩溃的感觉。

在老百姓眼里开飞机一定是特别"高大上"的工作。但如果你采访飞行员,他们可能觉得开飞机是简单的重复,毫无乐趣:"我们无非是天上的出租车司机。"再"高大上"的工作干熟练了都变得无聊了。假如正开着飞机,前挡风玻璃突然掉了,怎么办?大脑瞬间从①—④模式变成①—②—③—④模式,进入解决问题的状

第四章
成为能创造和输出知识的企业

态。接下来的每一个决策都要思考、探索，没有现成的方法套路，甚至还要和副驾驶商量着来。在空中做了一系列特别艰难的决策后，谢天谢地，终于落地了。请问，他接下来要做什么事情？他应该复盘。怎么复盘？把从发生挡风玻璃掉落以后，一路上的决策写下来，弄成一个操作说明书，让全世界的飞行员学习，以后遇到类似情况就这么处理，这就属于①—②—④模式，形成方法论了。

实际上人类就是这么进步的，反复地用①—②—③—④模式解决问题，问题解决了再复盘反思，采用①—②—④模式总结出方法论，再用这套方法论持续刻意练习，最后形成①—④模式的自动反应。用筷子吃饭对成人来讲早就成为①—④模式了，但对三岁小孩来说却是①—②—③—④的解决问题模式，解决的是如何用两根小木棍把食物送到嘴里的问题。

先看图4-4的坐标，首先，坐标系右边是面对不确定的未来，没有现成的方法，所以都是①—②—③—④的解决问题模式。而定义起点、定义终点、确定问题空间、探索可能、评估可行、选择搭建从起点到终点的路径、分工实施这一系列动作是解决问题的方法套路。所以我说**解决问题方法论是方法论的方法论，凡是没有更有针对性的方法论时，就用解决问题方法论**。第四象限是领导者的心智迭代，实际上解决的是领导者本人的思想问题，解决问题过程在领导者的脑内进行，是一个内在的①—②—③—④过程。一旦领导者做出变革的决策，必然会遇到各种现实问题，解决现实问题就回到第一象限了。能够带领团队用群策群力的方式解决现实问题是互联网时代领导者的基本要求。

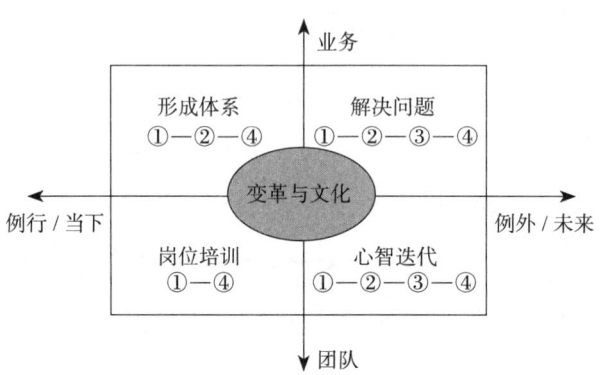

图 4-4　组织学习模型与大脑工作模式

问题解决了，就要通过经验萃取和复盘等手段把解决此类具体问题的方法进一步提炼成更有针对性的套路，也就是①—②—④模式，这就是第二象限的工作。把①—②—④的方法套路在全组织内复制，通过刻意练习变成某类员工的惯性动作，固化成①—④模式，这就是第三象限的工作：岗位培训。岗位培训是很多企业大学的重头工作，但用全局的眼光看，也只是组织能力提升的基础工作。

在复杂多变的商业环境中，组织必须与时俱进地勇往直前，才能得以持续生存。组织发展的过程就是持续解决问题，把常见问题固化成有方法论的范式，又用这套范式持续复制的循环往复的过程。过时的①—④模式必然要被淘汰，从解决问题探索出的①—②—③—④模式逐渐演变为可复制的①—②—④模式，周而复始，循环往复地迭代下去。而组织中能力提升的事情无外乎这些，任何培训项目，首先都要分清是哪个象限的事情，要达成什么样的目的，然后就容易操作了。

第四章

成为能创造和输出知识的企业

方法技能是组织智慧的核心

我对方法技能的定义是：与具体的应用场景做了一定抽离的，能够解决某类问题的一套框架流程和工具的集合。遇到问题，第一时间要想到：定义结果框架，我们希望得到什么样的结果？定义过程框架，用什么样的流程和步骤朝结果推进？

德国把职业能力分为专业能力、方法能力和社会能力。其中，方法能力是指从事职业活动所需要的工作方法和学习方法，包括制订工作计划的步骤、解决实际问题的思路、独立学习新技术的方法、评估工作结果的方式方法等。方法能力是基本发展能力，是劳动者职业生涯中获取新的知识与技能、掌握新方法的重要手段。

为什么说行动学习是方法技能？行动学习是非常典型的一套解决某类问题的流程和工具的集合。方法技能不是用来解决某个具体问题的，而是用来解决某类问题的。也就是说，把具备某种特征的一类问题置入一套解决问题的框架和流程中，总能得出一个相对满意的解决方案，这个方案对问题的解决有促进作用。方法技能本身是高级思维的产物，需要用分析与综合、逻辑与抽象、联想与创造等高级思维能力才能总结出。方法技能是人们在长期实践中学习的成果，源自过往的最佳实践，是从多次最佳实践中总结萃取的一套应对某类情境的流程和工具的集合。方法技能的总结需要一个去背景化的抽离过程。人们萃取方法技能的目的就如同盖房子用事先做好的预制板一样，正是为了下次遇到类似情境能做到快速反应。

方法技能属于可复用性技能，萃取方法是为了敏捷应变。方法技能的应用中又少不了一个与具体背景结合的过程。专业人士和普通人士最大的区别是，前者掌握很多方法技能，并能够在具体的情境中快速地进行模式匹配，运用恰当的方法技能来解决具体的问题。

行动学习是解决病构问题一套行之有效的方法技能。行动学习过程就是汇聚团队力量，用一套流程和团队思考的方法寻找可能的解决方案的过程。我常说，**有问题没答案不可怕，可怕的是我们不知道用什么方法去得到答案。**

经验萃取：快速复制最佳实践

很显然，工业化时代先做需求调研，再做设计，完成产品开发后再去推销的模式已经过时。为适应互联网时代的节奏，现在一般都是边做边设计。敏捷开发、反复迭代已经成为互联网时代产品和商业模式创新的新范式。

在全局内复制最佳实践的反向创新

维贾伊·戈文达拉扬在研究了 GE 医疗在中国市场开发的实用型心电图仪和超声波仪，反过来在发达国家市场推广热销的案例后，提出了反向创新的概念。反向创新就是把局部最佳实践推广到全局的主张。系统论中有一个观点我很欣赏：**把一种成功的模式进行复制，系统走向有序。**我认为反向创新在互联网时代更有生命力，互联网时代的企业应该在治理方式上为基层单位充分授权，鼓励基层创新，并持续从基层创新中选拔最佳实践，在全局复制，这种模式应该成为组织治理的新范式、新常态。

在实践中团队发展出某新业务的有效模式,普遍称为**最佳实践**。我们总能够尝试把该实践中有效的成分或模式萃取提炼出来,复制到其他成员身上。组织范围内有一些最佳实践的样本,就可以用交叉类比的方式找出样本背后共有的核心特征和深层结构,甚至可以萃取出流程步骤。核心特征和深层结构规定了解决此类问题的结果框架,这样以后做事就不用摸着石头过河了。只要有意识地用核心特征的几个维度指导工作,就能逐步逼近想要的效果。

结构化记录最佳实践故事

要让业务精英们总结可复制的经验是件很难的事情。他们不是学习专家,在实践中运用的很多知识和技能都是隐形的,只感觉有效,却难以萃取出其中真正有效的成分,甚至是知其然却不知其所以然。所以,只能让业务精英们讲他们原汁原味的场景故事,再用行动学习的方式共同找出这些故事中的营养成分。

用友大学早年开发精品课程时就采取过这种策略。当时把全国最资深的40多位业务精英汇集到北京,针对实施项目中的每一个典型工作场景,总结出最佳业务实践。我在动员会上要求每人写出他们在项目实施的经历中那些曲折感人的场面,比如跟客户产生激烈冲突的、实施现场最为尴尬的、你让客户非常感动的、客户让你非常感动的、曾经让你很纠结的场面……总之,一定是让你难以忘怀的关键时刻。实践出真知,优秀员工身上的很多技能都可以快速萃取,关键是要有恰当的方法。

实践中，我们经常把业务精英们组织在一起，邀请他们分享自己的最佳实践。为了能够有效萃取故事背后的"营养元素"，我们用一套结构化的方法来对每位分享者的故事进行二次加工，简明扼要地把故事的要点记录下来，我称之为 SCORE 法则：

S 是 Situation，背景。故事都有基本的背景，任何管理理念、方法或工具都有其适用的范围，背景就是要描述范围，描述背景也是为故事中隐含的道理埋下伏笔。受众一般是用右脑接收背景信息的。讲师介绍背景的时候，受众会在自己的大脑里建构类似的情境。所以，背景描述力求全面而简洁，全面是指相关信息都要交代到位，简洁就是要用尽可能简短的描述，方便受众建构情境。

C 是 Confliction，冲突。好的情境一定要把受众带到某种冲突之中，没有冲突的平铺直叙不会对受众旧有的信念系统形成冲击。冲突的目的就是让受众产生认知不和谐——老革命遇到新问题了。通常在冲突的描述上可以很细节，也可以很感性，细节就是要启动受众右脑接受，感性就是逼真地刻画当事人当时的态度。好的冲突描述能够让受众产生移情，把案例中角色的烦恼当成自己的烦恼。

O 是 Option，可能的选项。凡事都有三个以上的解决方案，所以在特定的背景和冲突下，案例的主人公可以有很多选择，当然，不作为也是一种选择。讲故事的时候既可以对比分析几种选择，也可以直接描述主人公的选择。选择的背后是价

第四章
成为能创造和输出知识的企业

值观，弘扬企业核心价值观的正面故事通常是讲：在两难关头，主人公选择了跟企业价值观相吻合的做法，最后取得了很好的结果，反面教材则通常讲主人公的选择跟企业价值观背道而驰，结果取得负面效果。在这个环节还可以描述主人公选择以后所做的努力、克服的困难等。

R 是 Result，结果。故事总会有一个结局的，结局是选择和努力共同作用的结果，而结果是选择正确与否的明证。当然最终结果的描述也可以很感性，因为故事需要结果来强化选择的重要性和价值观的重要性。

E 是 Evaluation，评价。对整个故事进行评价，总结出故事背后所隐含的道理。当然在授课中，这一步通常由受众自己来挖掘，但讲师备课不能没有底牌。评价紧扣主题，和单元的知识点相互呼应。

故事是千百年来在全世界范围内都备受欢迎的传播思想、剖析事理的方式。古人所谓微言大义的春秋笔法，就是指从故事小处刻画，道理可往大处拓展。我们可以用一个尽人皆知的故事验证一下：

森林里住着一只狐狸。

有一天，狐狸来到了一片大草原上，发现了一棵葡萄树。葡萄树上结满了一串串晶莹透亮、香气扑鼻的葡萄。它想：这葡萄一定又甜又好吃！它看着葡萄，舌头舔着嘴巴，直流口水。

狐狸想吃葡萄，急忙伸手去摘。可是，树太高了，够不着。于是，狐狸用尽力气跳，还是没够着，只抓下了几片叶子。它想：我要是能像猫一样会爬树就好了。狐狸又试了好几次，还是没够着。旁边的小兔啦、小鹿啦……都笑狐狸是个傻瓜。

狐狸累得汗流浃背，喘着粗气说："这葡萄还没熟，一定很酸！一定是不好吃的。"说着它垂头丧气地回家了。它边走边回头看一眼心爱的葡萄，心里酸酸的，于是安慰自己说："这葡萄没熟，肯定是酸的。"

这就是说，有些人能力小，做不成事，就借口说时机未成熟。

这个故事可以结构化地记录：
S——背景：狐狸、草原、葡萄、想吃；
C——冲突：树太高，够不着；
O——选择：用力跳，爬树；
R——结果：没够着，找理由说"葡萄是酸的"，垂头丧气回家；
E——评论：失败，找借口。

再如，我们开发的"创造客户价值"课程，其中要讲到"只有设身处地为客户着想，才可能创造性地发掘出双赢的方案"这样一种思想，我们就从业务精英的分享中挖掘到不少好故事。

小刘是一名销售经理，他最近一直在跟进一家县级卫生院的结算系统的项目。小刘与这家卫生院的有关人员交流得很好，客户也认可他的方案，但是客户还是不能购买。因为卫生院购买结算系统的预算需要省卫生厅划拨，而省卫生厅明文要求所有下属单位的结算软件都要统一购买。

小刘尝试好多次与有关人员沟通，都不顺畅。

小刘开始思考，既然问题出在了资金上，如果能够解决资金问题，是不是就可以了呢？哪些单位能够和卫生院的资金发生关系呢？小刘想到了银行。他找到了当地的地方银行，说服该银行给卫生院出资买结算系统，条件是将卫生院的医药费结算账户设在这家银行。这样，卫生院就不需要向省厅申报，也就不受限制了。卫生院和银行对这个合作方案都感到很满意。

S——背景：客户很认同方案，需经上级单位审批；

C——冲突：上级单位不划拨预算，没钱购买；

O——选择：游说银行出资，卫生院在银行开设账户；

R——结果：三方都满意；

E——评论：为客户着想，创新找多赢。

近年来我主持的最多次数的行动学习项目，当属组织经验萃取了。我最喜欢用故事会的方式进行。比如把开展某项业务很突出的人员从全国各地抽调30人集中在一起，做一个最佳实践经验萃取研讨班。30个人分为5个小组，每小组6人。让每个人讲一个自己亲历的业务最佳实践案例故事，每个小组内可分享6个故事。之后让每个小组派人面向全班代表分享本组最好的故事。这样下来，每个人都有机会听到10个最佳业务实践的故事。

萃取关键成功要素

接下来的工作是引导参与者从这些故事中萃取起重要作用的关键成功要素，一般提炼5～7个关键成功要素。这些萃取出来的关键成功要素反过来又可以指导我们未来的实践，在未来的实践中，完全可以以关键成功要素为目标，努力提高各个关键要素的满足度，以提高业务实践的绩效表现。

从精英的最佳实践中萃取关键成功要素是重点也是难点。最佳实践故事总是与特定的背景、环境、人物等裹挟在一起，我们必须萃取出其中起作用的成分（我称之为关键成功要素），才能有效指导接下来的实践。

任何一项需要熟练掌握的动作技能都是多项成分技能有机整合的综合表现。比如说书法，要写一手好字背后有多个成分技能：字本身的笔顺和结构、每一个笔画该怎么写、每一个偏旁部首该怎么写、不同字放在一起的视觉效果等等，王羲之练字的时候甚至在自然和生活中体验每个笔画的神韵。**如果你能写一手好字的话，说明你的潜意识已经能够自动整合这些成分技能了**。但是如果你字写得不好想提高的话，首先要诊断短板在哪个成分技能上。再如弹钢琴背后的成分技能有：第一，要能识谱；第二，要能把谱子的每个音符匹配到钢琴的按键上；第三，找到按键并以音符的强弱操作按键；第四，掌握合适的节奏；第五，沉浸在音乐的氛围中并融入情感。

成分技能还可以分为认知类、态度类和行为动作类。比如游泳，首先，要不怕下水，渴望学会游泳，这就是态度。其次，人体漂浮起来的原理，蛙泳、蝶泳的具体姿势等，都是知识，需要认知

第四章
成为能创造和输出知识的企业

脑理解。再次,连贯的一套手、脚和身体配合的动作,则是行为动作。

为了提取这些最佳实践故事中的有效成分,行动学习引导师需要持续运用引导技巧,引导参与者进行有效性评估。引导师通常可以反复问几个问题,比如:

- 这个故事中,主人公做对了什么而取得了如此的效果?
- 你认为这个故事最值得借鉴的元素是什么?
- 这个故事最让你眼前一亮(特有感触、兴奋不已)的关键点是什么?
- 故事中的哪个措施对结果的形成起到了决定性作用?

不难看出,这些问题其实都是同一问题的不同问法,都指向故事背后的关键成功要素。背后根本的原理还是交叉类比,无非是把主人公的做法与一般做法进行交叉类比。不一样的结果一定是不一样的决策和行为造成的,以差异化的结果为线索,拷问决策和行为的差异,从而萃取出背后真正起作用的关键要素。引导师引导全体参与者对每个人分享的最佳实践故事用这样的问题进行有效成分榨取,很快就会收集到不少可能的关键要素。接下来,引导师再引导全体参与者用团队共创的方式对这些有效成分进行归类和评估,最后确定5~7个最关键的,可以理解为此类问题背后的决定性的关键特征。

用平衡轮找差距和弥补措施

关键特征找出来后,行动学习引导师可以采用平衡轮的工具帮助所有参与者找差距,并寻找弥补差距的措施。平衡轮是将一个圆平均分成若干等分,然后将一个人的工作、生活或生命中一些并列的内容填写在图中,并对每个要素的现状和未来用1～10打分,以帮助人们清晰现状,觉察到平时忽略的部分,找出希望有所改变的内容。最后制订计划,采取行动(见图4-5)。

它包含以下三个方面的含义:

第一,一个目标的实现需要相关方面的支持,就像一个轮子要想转动,需要辐条的支撑一样。

第二,平衡轮就像一架照相机,可以拍摄到当下时刻与目标相关方面的真实情况。

第三,让目标的实现者清晰地了解目前这些相关方面的状态。

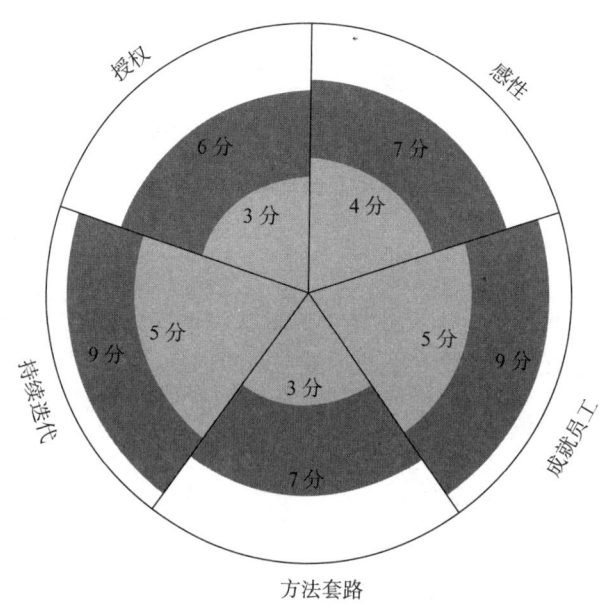

图4-5 领导力提升的平衡轮

第四章
成为能创造和输出知识的企业

而要想让轮子转动,需要辐条长短一致,强度一致;同样的道理,要想实现目标,需要每个方面平衡发展。

需要注意的是,运用平衡轮展示的一定是当事人的现状。对每个部分是否满意,满意的程度如何,哪个部分需要改变,都依照当事人的标准,必须由他自己做出判断和决策,而不是遵照引导师的意愿。

看似简单的平衡轮,其实背后有很多心理学原理在起作用,其价值是明显的。

第一,平衡轮实际上是一个重要的要素分析工具,采用的是总分结构,类似金字塔结构和鱼骨图。凡是能够分解成若干要素的,总能用平衡轮这个工具来检查评估、设定改进目标和制订改进计划,所以应用面极广。

第二,我经常说,**平衡轮最值得称道的是,它能将非常抽象的指标具象化、视觉化**。比如,某件事情的关键成功要素中有"能力"这一项。能力是一个很抽象的概念,但如果把它装到平衡轮上,就强迫当事人对这个抽象概念进行主观打分,而这个主观打分所确定的扇形面积就能成功地把"能力"这个抽象的概念具象化、视觉化地表达出来。

第三,对各个关键成功要素设定目标值的过程又使得目标和现状之间的差距得以视觉化地展现。用格式塔心理学的观点分析,**直观的差距形成了认知缺口,激发了当事人急于"补齐缺口"的完形动力**。

第四,填补缺口的探索是一个非常落地的动作,直奔具体措施和行动计划。

平衡轮是一套从目标引导到实际行动的有效流程和工具的组

合，整个过程不仅逻辑连贯，而且动作环环紧扣、步步紧逼。这套工具让引导过程自动进行，甚至可以说平衡轮是一个很好的自我引导工具。我经常用平衡轮进行自我引导。

有朋友向我请教："两个工作机会应该选哪一个？"我就会用平衡轮一步步引导，先问他选工作真正在乎的要素，如学习成长、发展空间、社会关系、工作成就、薪酬待遇等，然后把这些要素装入平衡轮中，让他自己对两个机会的关键要素的现状进行打分，之后再评估每个工作机会的关键要素在未来三年可能的发展潜力。就这样一步步让那位朋友把很抽象、很纠结的两难选择，转换成两个几何图像面积的对比。作业做完了，他的选择也有了。

我们招聘专职讲师也用平衡轮评估。我们把专职讲师的能力要素分为工作激情、学习能力、逻辑思维、表达能力和应变能力。应聘者做完授课试讲和交流之后，我们就画一个平衡轮，并用行动学习的方式收集面试参与者的意见，对面试者的每个能力要素进行合议评估，并对面试者每个要素的发展潜力进行合议评估。最后选择各方面能力素质比较均衡、发展潜力大的候选人，邀请他们加盟。不知不觉中，平衡轮以其应用面广、效果直观、操作简单又能自动运行的优点，成为我最喜欢用的行动学习工具。

就这样，用反向创新、分享最佳实践故事、头脑风暴萃取关键成功要素和平衡轮四个行动学习工具的有机组合，实现对组织最新的最佳实践进行挖掘并在全组织复制的目的。这样的工作可以持续迭代进行，只要团队里有最佳实践，就可以进行经验萃取。把先进的经验总结成课程，培养其他团队成员。

复盘反思：找差距、找原因、找方法

在组织学习中，与经验萃取能力同等重要的是复盘反思能力。经验萃取是把局部的、个别的、偶尔的最佳实践碎片收集起来，用交叉类比的方式找到某类事物背后的核心特征和深层结构，更像是以个别经验为基础的社会化学习。而复盘则是团队共同完成了一项任务，不同参与者的个人体验和收获不同，通过参与者对任务的集体回顾，探索过程中关键决策背后的核心特征和深层结构，或者优化关键活动的方法和流程。前者我称之为决策复盘，后者我称之为流程复盘。

决策复盘：像导弹一样逼近目标

决策复盘的目的是帮助学习者以后遇到类似情景能做出对的选择。孔子说弟子颜回"不迁怒，不贰过"，能做到"有不善未尝不知，知之未尝复行也"。可以将以"不贰过"为目的的复盘理解为决策复盘。决策复盘的重点是深度剖析事件过程中重大选择的有效性，结果差异是当初的选择差异造成的，以结果差异为抓手，探索影响结果的核心维度。通常付出了努力却没收到预期结果，往往是因为忽视了某些冰山下起作用的重要维度。决策复盘的目的是发现和重构决策时考虑问题的维度。比如，在培养孩子上，最广泛的认同是学习成绩很重要，考上好大学是培养成功的唯一标志。但高才生也可能做出杀害父母等让人难以接受的事情，这足以促人反思学习成绩并不是唯一重要的维度，还有更重要的维度是心灵和人格的培养。

决策复盘就是要从事件过程中的决策点入手，每个环节做了什么样的选择，又得到了什么样的结果。选择背后是价值观和信念。史玉柱当年盖摩天大楼导致破产，等他东山再起的时候，他选择为当初那些认购了他楼盘的客户退钱。这个重大选择传达了史玉柱的价值观，也大大提高了他在公众心目中的形象。

理想情况是，做了符合价值观的选择，且得到了跟价值观相符的结果，这是一个正强化，复盘时会得出一条结论：下次继续这种选择。另一种情况，事件的结果跟当初预想的不一样，下次遇到类似的情况就要考虑新的选择，而新的选择背后就可能涉及价值观的调整。比如30年前多数中国人根深蒂固地认为借债买房压力太大，买房子总是不愿意贷款，后来经过复盘觉得还是贷款划算，两种不同选择的背后伴随着价值观的迁移。价值观是相对稳定的，往往在经历过刻骨铭心的教训时才会真正迁移。查尔斯·汉迪说，只要对过去经历的事情加以反思，学习就发生了。

决策复盘是需要勇气和魄力的。自我保护意识强的人，常常习惯性地陷入自我防御状态，外归因倾向明显，遇到问题老抱怨环境和别人。**抱怨他人和环境固然可以让自己暂时轻松一下，但同时你也错失了从错误中学习的机会。**可以借用鲁迅先生的话形容复盘："真的猛士，敢于直面惨淡的人生，敢于正视淋漓的鲜血。"直面流血牺牲之痛，为的是避免再次流血牺牲。

彼得·德鲁克在他的《21世纪的管理挑战》一书中，有很多论述都是复盘。比如他问：你当初的目标是什么？你从中学到了什么?所以,价值观复盘最好是复盘者本人私下进行,即所谓的"自我批评"。

人生能否像导弹运行一样逐步逼近自己的目标?《自动控制原理》里讲得很明白,导弹逼近目标是靠一个无限死循环的反馈电路(见图4-6)。首先控制器发送指令给执行器,执行器来驱动被控对象,被控对象的运动状态会被传感器采集并反馈给控制器,控制器再把被控对象的当前状态和目标状态进行比对,根据比对结果计算下一步的控制策略,发送新的指令给执行器……控制器总是根据受控对象的状态来调整控制策略,一个无限循环迭代逼近目标的系统就这样形成了。反馈电路给我最大的启示是:**要根据对方的反应来调整自己的行为,重要的不是我做了什么,而是我的所作所为在对方身上发生了什么反应,再根据反应来调整自己的行为,我唯一能控制的是自己的行为。**

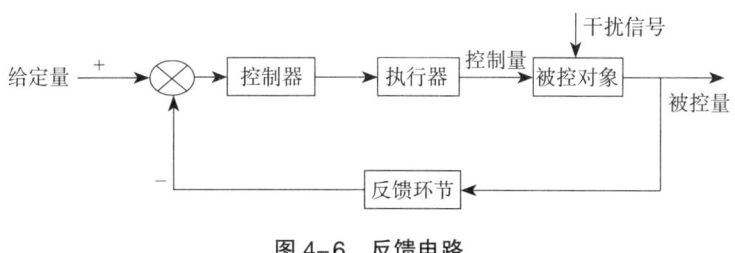

图4-6 反馈电路

流程复盘:从解决问题到形成体系

流程复盘的目的是提高学习者以后遇到类似情境的反应能力。复盘的输出是总结出方法和套路,下次遇到类似情况,三下五除二,半自动地快速解决问题,提高效率,节约资源。高中时学三角函数，老师把一个公式推导了半个黑板，得出一个结论。以后再遇到类似的题目，就不需要重新推导了，而是直接套用现成的公式。套用现成的公式就提高了效率，节约了时间，总结归纳形成现成公式的过程就类似流程复盘。

概而言之，组织中遇到的任务可以分为例行的和例外的两类。例行的问题属于①—②—④模式，组织应该有具体的方法套路，直接照章办事即可。例外的问题则属于①—②—③—④模式，需要按照病构问题解决框架处理。当用解决问题模式处理完例外情况，就有必要对解决问题过程中的事实路径进行回顾复盘，以期形成该类问题的方法论。（见 114 页图 4-4）

凡是例外的情境，都是①—②—③—④的解决问题模式，所以领导者的心智模式迭代和解决问题都是病构问题解决模式，只不过心智迭代解决的是领导者内在的思想认识问题，而解决问题则面对的是工作中的实际问题。领导者的认知迭代必然会引发对现实的不满，理想和现实的差距构成了问题，而解决这些现实问题就要用病构问题解决方法论。问题解决了，当然要用复盘反思的方式试图将解决的方法固化成方法论。方法论形成之后，又很有必要复制到整个组织，甚至强化成员工能够自动反应的①—④模式。组织要跟上时代的发展，必须持续面对外部的变化，迭代思想，解决问题，形成方法论，再在全局内复制。员工以前掌握得很娴熟的习惯模式必然不合时宜，所以要抛弃旧模式，学习新模式。

流程复盘恰是持续不断地把组织面对新挑战积累的经验体系化的重要环节。唯有这样，组织才具备从自己的经验中形成体系的能

第四章　成为能创造和输出知识的企业

力，才能与时俱进地持续解决问题、复制能力，既能保障做对的事情，又能保障高效率地把事情做对。

复盘的过程框架：找差距、找原因、找方法

人们做事情总会有最初的意图，根据意图采取行动，行动后必然有个结果，而这个结果反过来要跟当初的意图进行比对。如果结果跟意图相符，顺利实现了当初的目标，就继续坚持；如果结果跟意图不符，就制定改进策略。这个改进策略就是从复盘中学到的。

联想把复盘总结为四步：目标回顾、评估结果、分析原因和总结经验。在实践中，我发现回顾目标和评估结果常常密不可分，因为复盘的本质是将结果和当初的目标进行对比，从而发现造成差异的深层次原因，进而找到更好的方法。因此，我把复盘过程简化为"三找法"：找差距、找原因、找方法。

找差距

差距可以分为机会差距和执行差距。机会差距是决策时的选择造成的，执行差距则是决策没问题、执行不到位造成的。倘若当初解决问题的时候严格按照病构问题解决的方法进行，那么，当初解决问题时就定义了想要实现的结果框架。而找差距就是要把实际结果和当初定义的结果框架进行比较，找到差距。以差距为抓手，有目的地回顾解决问题过程，探寻造成差异的深层次原因。

找原因

造成实际结果与当初设想不同的原因无外乎两种。一种是决策失误，决策时忽略了一个重要的维度。弥补一个被忽视却又非常重要的维度，业务常常能带来跨越式增长。比如营销业绩不好可能是忽视了互联网销售这个重要维度，没抓住机会，属于机会差距。另一种是执行力不足，受限于资源、方法、能力等造成的在某些维度上没有做到理想的程度，我称之为"度"的差距。找原因的目的是找到结果差异背后的核心原因，是缺失了维度，还是度没做足？

找方法

爱因斯坦说，疯狂就是重复做同一件事情，却期望获得不同的结果。反过来，**要想得到不同的结果，需要采取不同的行动**。找方法就是在找到核心原因之后，遇到类似情境时采用更好的措施，以期获得更理想的结果，这就是复盘的最后目的。如果是决策失当造成的机会差距，复盘的结果是修正决策的维度；如果是执行不力造成的业绩差距，复盘的结果可能是优化做事的方法流程。

现实情况是，决策中有流程，流程中有决策，所以决策复盘和流程复盘会交替进行。会学习的人，不会轻易放过每一段经历，遇事必问：当初为什么出发又是否达到目的？我从中学到了什么？下次如何改进才能做得更好？对自己深度参与的事件进行深入反思是最有效的学习方式，从直接经验中归纳总结出某种规律，以期在未来的实践中应用——这是人类智慧的体现，也是学习的最精要之处。

比如一堂课下来，老师要复盘。一部分是教学策略复盘，老师可以在脑海里回放整个课程的进行过程，看哪些环节还可以优化；另一部分是教学内容复盘，比如课堂上学生问了哪些问题，展开了哪些有意义、有价值的讨论，学生有什么精彩的案例分享，学生的

第四章
成为能创造和输出知识的企业

问题有没有促成老师更深层的思考,等等。教学内容的复盘有不少会涉及价值观层面。

一位妈妈复盘了她与儿子的一次激烈冲突。儿子高三的那一年,家里为了让儿子上下学少费周折,特意请专车接送他。让妈妈失望的是,高三第一学期期中考试,儿子各科成绩居然大幅下滑。妈妈决定找儿子谈话,想督促儿子好好学习。

妈妈:"儿子,我和你爸都是工薪阶层,收入也不高,每个月花1000多元找专车接送你上下学,你却用这样的成绩回报我们?"

儿子:"你以为我爱坐专车上学呀?从明天开始我自己坐公交上学。"第二天儿子坚决不再坐专车上学,母子之间相处,好长时间都不愉快。

我们用"三找法"进行复盘。

找差距:妈妈的意图是希望儿子意识到父母的良苦用心,从而更加奋发。其干预行为的实际效果却跟她想要的恰恰相反,儿子反而产生更大的对抗情绪,拒绝再坐专车上学。妈妈想让儿子知耻而后勇,用更好的状态投入到后续的学习中,实际结果是让儿子的状态更糟。

找原因:为什么妈妈的行为没有得到预期的结果?造成差异的关键是儿子对妈妈所作所为的解读,而不是妈妈的作为本身。儿子将妈妈的行为理解为"要债",好像一次考试没有考好就欠了父母一笔债一样。儿子没考好已经够自责了，妈妈的作为让儿子的愧疚感加剧，使得他后续学习中的包袱更重，状态更差。

找方法：如何才能达到让儿子更加奋发的目的？显然要从儿子的角度分析。儿子考试失利自己也很难过，最渴望得到理解、安慰和鼓励，而不是指责和抱怨。要达到激发孩子更加奋发的目的，更应该着眼未来，使其从失利的阴影中走出来，树立更高的目标，开启一个新的局面。**你唯一能控制的是自己的行为，要根据对方的反应来调整自己的行为。**

经过复盘，也许妈妈更应该说："我知道这次考试失利让你很难过，刚开始我跟你爸也很难过。不过现在我想明白了，毕竟这才是高三的第一次考试，后面还有机会。现在也许咱们更应该考虑如何在下一次考试中挽回，没必要为打翻的咖啡哭泣。加油，相信我儿子能行。"

复盘是最好的教学

从学习的角度看复盘，复盘是典型的经验学习，课堂教学则更偏重理论学习。二者的区别在哪里？课堂教学多从理论入手，目的是让学员理解相关理论，再付诸实践，从而提升在工作中的表现。而大多数情况下，理论会永远停留在学员的认知层面，根本没有付诸实践的可能，学习了那么多，却依然过不好这一生。这是课堂教学效果不好的重要原因。

而复盘就不一样了，学员先有了具体的经验，过程中也投入了大量的精力和情感。复盘实际上是有意识地深度加工以往的工作经验以提高认识，也就是事后补上理论的环节。做完一件事情，如果成功了，就分析一下为什么能取得成功，是做对了什么才有如此好的效果，下次遇到类似的情境应该如何应对。如果失败了，就分析一下为什么失败，造成结果跟预期不符的关键原因是什么，下次遇到类似的情境应做何调整以避免失败。

复盘与理论学习恰好互补。复盘是在实践的基础上补充理论，理论学习是传授理论并希望学员能够实践。很显然，**复盘更容易让学员实现理论和实践的贯通**。而课堂上传授理论，期待学员课后实践的做法很难奏效。

复盘是最真实的案例教学

早些年我们花很大的力气开发精品课程，拍摄业务场景视频，为了能感染学员，力求业务场景尽量逼真。但转念一想，再逼真的情景模拟也只是模拟，最逼真的业务场景莫过于正在进行的业务本身。为什么不能把正在进行的业务当成真实案例来教学呢？进一步探索后发现，当真实的业务问题发生时，该事件往往会造成很大的影响，加上时间紧迫，所以主管领导会把全副精力用于解决业务问题本身，希望能尽快化解危机。事中无暇顾及员工在处理业务问题时的表现，事后又不愿意回顾血淋淋的教训。由此我意识到，对真实业务进行复盘远比开发精品课程实惠。

商学院里很流行案例教学。显然，案例教学比纯粹的理论宣贯要先进很多，因为借助场景来理解概念是人的自然倾向。但是，案例教学的实质是从他人的经历中寻找规律,虽然可以设身处地地想象或根据自己的经验类比,但毕竟有点隔靴搔痒的感觉。

案例教学有三个明显的不足。第一,案例是已经发生过的事情,而且和特定背景、环境、人物等裹挟在一起,学员要有很强的迁移和转换能力才能从案例中汲取营养。第二,案例是别人的事情,学员没有切身体会和情感连接,终究不能实现自身的认知、行为和情感三部分融合。第三,案例的真实性是一个大问题。编撰者常常为了教学效果,对案例加以改造。比如,GE是一家成功的企业,讲战略的老师以GE为例,说其战略多好,借以阐释其战略理论;讲营销的老师也以GE为例,说其营销多棒,借以阐释其营销理论;讲人力资源的老师也以GE为例,借以阐释其人力资源理论。对成功的企业,不同学科的老师都会像"傍大款"一样将其理论与之连接。我曾经揶揄地说,**案例编撰者常常希望事实和他的理论相符,如果事实与理论不相符,就优先修改事实**。按理说,我们能从别人失败的案例中学习到更多,可遗憾的是,失败的企业从品牌形象、领导声誉等多方面考虑,对自己的失败讳莫如深。自己关起门来复盘可以,外人要想把该企业的失败编撰成案例,难度很大。

与案例教学对比起来,复盘显然更具学习价值。首先,事情是自己刚刚做完的,精力和情绪感受都很充沛,一旦有理性升华,就实现了认知、情感和行为三位一体的升华,须知,带情感的知识才是有用的知识。其次,复盘所得到的知识更具针对性,更容易应用和迁移。我们知道,理论都是指导性的,任何知识都不能生搬硬套地解决现实问题。理论要解决现实问题,必须要适应性改造和创造性发挥。而自己复盘所获的知识，因为熟悉其背景，在解决类似问题时，更容易做适应性改造和创造性发挥。再次，复盘要解决的是从自身经验中学习的问题，而案例教学实际上是从别人的经验中学习，前者是直接经验学习，后者是间接经验学习，二者相辅相成，都不可或缺。

反过来，**我更主张把实战复盘就地改造成案例教学。对项目的参与者而言是复盘，对没参与的人而言是案例教学**。从这个意义上讲，复盘应该还有一个副产品，那就是实战案例课程——既有从实战中升华的理论，又有鲜活的身边案例，岂不完美？

复盘这么好，为什么没有在企业中广泛普及？难点就在于去情景化需要很强的功力。从具体的情景中剥离出表面要素，保留起作用的核心要素，是复盘的重要目的。毛主席讲的"去粗取精，去伪存真，由此及彼，由表及里"是从具体实践上升到理论的关键。这就需要一套专业的方法和话术，才能促进事情的参与者从朴素经验的素材中提取出起作用的核心要素。这是用理性框架深度加工感性素材的过程，不仅需要热情，更需要方法论。

失败了更要复盘

成功了固然要复盘，失败了更要复盘——因为惨痛的教训更容易促进人反思与学习。这一点让我想起早年做"企业全面经营沙盘"讲师时的困惑：那些在企业模拟经营中取得很好成绩的学员，在总结发言时常常志得意满，浮于表面；而那些经营惨淡甚至把自己的企业搞倒闭的学员，在总结发言时常常总结得很深刻、很全面、很真切。

荣获诺贝尔经济学奖的心理学家丹尼尔·卡尼曼研究表明,损失的厌恶情绪与得到的欢喜情绪比起来要强烈得多,即丢掉100元钱的痛苦要远远大于捡到100元钱的欢乐。复盘的有效性恰恰在于它能有效调动当事人真实的认知、行为和情感三部分能量,人们对损失的厌恶情绪更强烈,意味着人们在失败的实践中投入的情感能量更多,所以更容易促进认知的更新。在教学中,首先让学员讲出自己真实的经历,然后让全班学员将其当作案例来学习,并通过社会协商的过程提升认知,促进转变。这应该是理想的教学方式。

复盘最容易遇到的一个问题是,复盘自己失败的经历,得不到有效的外部反馈。虽然复盘了,但是受自身认知水平的限制,进步并不大。受防御本能影响,很多人讳疾忌医,鲜有人愿意把自己失败的经验分享给大家。敢于和朋友共同直面惨淡的过去的人,才是真正的勇士,才能在复盘中得到更多。

复盘是从围棋项目中发展出来的方法。实践证明,这种方法对训练棋手非常有效,因为复盘更接近学习的本质。互联网时代最崇尚的敏捷开发和快速迭代思想,最需要的,或者说不得不补充的一个环节就是复盘。《周易·系辞下》有言:"尺蠖之屈,以求信(伸)也。"——复盘就是"屈以求伸"的过程。

第五章

深度学习促进员工有效改变

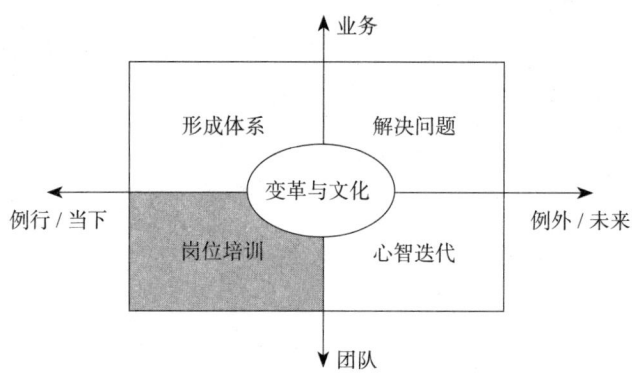

- 无效学习的通病：重输入而轻转化
- 有效改变背后的三股力量
- 转化框架：让学习重在改变
- 注重实效：有实效，才会有动力
- 直面问题：从业务中来，到业务中去

第五章

深度学习促进员工有效改变

学习领域中另外一个普遍让人头疼的事情是无效培训。培训没什么效果,好像已经成为大家比较普遍的共识,组织者、学习者,以及教学者对此已经麻木了。本章将讨论岗位培训如何才能有效的问题。怎样做培训才能有效促进学员改变?

无效学习的通病:重输入而轻转化

有朋友跟我说某知识 IP 的互联网经营思维课程非常受听众欢迎,粉丝争相追捧,可惜主讲该课程的大咖分身乏术,所以就想配个引导师团队,看如何把 IP 的思想引导转化,辅导企业实施落地。

内容创业近来的确遇到一些尴尬,大家疯狂追随了两三年之后,发现专栏订了那么多,微课听了那么多,却还做不好工作,过不好一生。于是大家不约而同地走到辅导学员转化的路子上来。他们想:要是培养一批能把大咖思想转化落地的引导师就好了。事情有那么简单吗?答案是否定的。我说:"在大咖看来,把道理讲透就完成了工作的99%，只要有人把他讲的道理引导一下，辅导学员应用完成最后的1%，就功德圆满了。在我看来，道理讲得再透也只是引发学员改变的1%，把知识转化成生产力才是99%。"在互联网时代，谁也不缺乏知识，真正缺乏的是把知识转化成生产力。

有效学习的向量模型

事实上，学习过程分为两步：第一步是从外界获取知识和信息；第二步是从这些知识和信息中汲取有用的部分，编织到自己的心智系统中去。外表看似是甲说服了乙，而乙的内心世界实际上也分两个步骤：首先，乙从甲提供的信息中汲取自认为有价值的素材；其次，乙用自己的理由来说服自己。前者好比吃食物，要胃口好；后者好比消化吸收，要肠道好。无论读了多少书，听了多少课，领悟了才真正属于自己（见图5-1）。反观很多年轻人，时刻都挂着耳机听各种学习音频，甚至设置成倍速播放，恨不得一天48小时学习。可为什么学了那么多，依然没有多大的进步？学习的重心在转化，而人越重视吸收，越容易忽视转化，这些人恰恰是因为吸收太多，没有进行能量转化，才所得甚少。

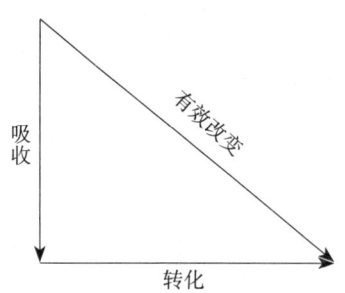

图5-1　有效学习向量模型

第五章
深度学习促进员工有效改变

传统的教学方式也有同样的弊病。大多数老师把自己假设成为信息提供者，滔滔不绝地向学生提供信息。学生吃得很多，但从中汲取到的营养并不多，胃口好，但消化吸收能力差的人照样很难长胖。填鸭式的教学效果不好的真正原因正在于此。

而有效的教学过程也自然而然地要分为两个步骤：第一步，给学生提供信息；第二步，促进学生从这些信息中汲取营养，帮助其生成属于自己的理解。有效的教学，要把重心放在后面，即促进学生消化和吸收上。**要促进学生消化吸收，就要调动学生自己内在的能量参与，外力可以野蛮喂养，却不能解决消化问题。**所以，课程要有实效，必须下大力气帮助学生消化而不是一味填鸭。

教学中真正重要的事情是促进学生转化，转化才是学习最关键的环节，也是最终形成成果的环节。而现实中，培训师在这方面做的努力最少。在最重要的事情上做的努力最少、下的功夫最小，教学没有效果也是自然的结果。

行动才是学习，知识只是准备

课堂上，培训师要在促成学员有效吸收和转化上下功夫。要变着法地引导学生将课堂所学跟自己的工作、生活进行关联。我上课经常讲："如果你不能够把我所讲的新知跟你原有的知识和经验建立有效的关联，那么这个知识就不属于你。"苏格拉底说："不加以检验的人生不值得活（The unexamined life is not worth living）。"《道德经》中说："吾言甚易知，甚易行。天下莫能知，莫能行。"意思是说：我说的话很容易理解，也很容易做到，但是天下人就是很难理解，也很难做到。为什么呢？老子解释了其中的原因："言有宗，事有君。夫唯无知，是以不我知。"所有的言论都有其背后的事实依据，所有的事情都有其背后的主宰（自然法则），因为不知道背后的事实依据和自然法则，所以不理解我说的话。我们今天的人并没有老子那样睿智，所以，不要轻言理解了老子所言，我们需要用毕生的经历去验证老子的感悟。宋儒程颐说："颐自十七八读《论语》，当时已晓文义。读之愈久，但觉意味深长。"从"晓文义"到真读懂还有不短的距离。由此看来，王阳明所说的"知是行之始"相对容易做到些，如果能够在"知"的基础上启动情绪脑，运用情绪能量也许更容易驱动人迈出第一步，但是坚持到底地用实践去检验真理，做到"行是知之成"则需要付出更多的能量去坚持。

课堂上，学生要把老师所授内容跟自己过往的经历进行关联；实践中，学生要把自己的真实体验跟所学理论关联，"认知—行为—体验"的良性循环才能最终完成。须知，课堂永远只是有效学习的一个环节而不是全部。学生是学习的主体还体现在课后的应用和持续提高上。古人教诲我们：绝知此事要躬行。真正的收获不在知，而在行。著名的哈佛大学教授、多元智能理论的提出者霍华德·加德纳主张人们要通过多种途径、多种方式去促成对知识的彻底理解，在实践中检验和发展是理解知识的重要途径。他在文章中分享了一段对答。

学生问："老师，您传授的知识我没有完全理解，叫我如何去践行呢？"

加德纳答:"我传授的知识你不去践行,又怎么能够完全理解呢?"

王阳明说:"知是行之始,行是知之成。"只有在践行过程中,学生才能真正理解,甚至发展出适合自己的个人版本。

维果茨基认为行动是学习的必要环节,而不是学习的结果。甚至有现代学者认为,行动才是学习,获取知识只是学习前的必要准备。

有效改变背后的三股力量

我经常在课堂上问大家:"培训的目的是什么?"

面对我的提问,学员们众说纷纭:成长、获取知识、掌握技能、应用、完成任务、提高认识、改善绩效……

"这些说法都有道理,但不够概括。"紧接着我又问,"谁能用一个词涵盖上述所有意思?"

学员们沉默。

我说:"大家看'变化'这个词能涵盖上面的意思吗?"

学员们点头称是。

程颐说:"今人不会读书。如读《论语》,未读时是此等人,读了后又只是此等人,便是不曾读。"读书也罢,上课也罢,最根本的目的都是寻求改变,最直接的效果也要通过改变来体现。如果学生说:"老师,你的课程太好了,让我受益匪浅。"但实际上学生上完课之后没有任何变化，这样的学习就如同没学习一样。

从这个角度看，老师是促进人们改变的人。岂止老师，在我看来，领导者、销售员所做的工作其实都是一样的，他们所有工作的目的都是：改变心智，激发感情，动员行动。

促人改变的"三驾马车"

然而，事实上，人是很难改变的。西方有句谚语说："只有尿湿了尿布的孩子才愿意改变。"有人说世界上有两大难题：一个是把别人口袋里的钱装到自己口袋里，另一个是把自己脑袋里的思想装到别人脑袋里。我仔细琢磨后发现，如果你有本事把自己的思想装到别人脑袋里，那么别人口袋里的钱迟早会装到你口袋里，也就是说，如果第二个难题解决了，第一个难题也就自然解决了。可见，让人改变是世间第一难的事情。

哈佛大学成人学习与专业发展教席教授罗伯特·凯根在他的《变革为何这样难》一书的开头，就抛出这样一个现象：

一项医学研究显示，假如医生告诉严重心脏病患者，如果不改变个人生活习惯，如饮食、锻炼、吸烟等，他们将必死无疑。即便在这种情况下，也只有大概1/7的人会真正改变自己的生活习惯。剩下6/7的人，难道就真的对生命毫无眷恋吗？还是有什么东西让人们在面临致命危险时，仍然无法改变致命的嗜好？

对严重心脏病患者来讲，抽烟将意味着加速死亡——这是一个非常直白的道理，因果关系清晰，表达很清楚，我相信所有病人都明白这个道理。但为什么只有大约1/7的人才会真正改变呢？据此，我们可以得到一个近似推断：明白道理（认知改变）对一个人产生改变的贡献只有大约 1/7。反过来，我禁不住要问："有多少人把讲道理当成促成人们改变的全部？"

老师说："把道理都讲得透透的了，你们怎么还这样？"

家长说："该说的话都说尽了，你就是不听。"

领导说："正面反面的例子都给你讲了，你怎么就这么拧呢？"

为什么那些整天只知道讲大道理的人声嘶力竭地给别人讲道理，却总是收效甚微呢？问题就出在只讲道理不足以促成一个人彻底改变。单讲道理不足以让人相信，所以没有人相信。分量不足、力道不够呀。那么，还有什么因素会影响人的改变呢？或者，还有什么因素左右着人们不去改变呢？有烟瘾的肺癌患者可能说："我知道抽烟对我的病不好，可是我习惯了，'饭后一支烟，赛过活神仙'，吃完饭下意识的动作就是去口袋摸烟。"可见，行为习惯是影响人改变的另一个因素。

此外还有什么因素呢？有人说受环境影响，有人说跟着感觉走，有人说感情……对了，就是情感体验。情感从来都是影响一个人决策的重要因素（见图5-2）。

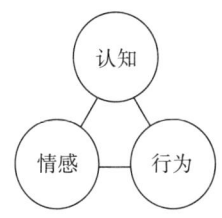

图 5-2　影响改变的三大因素

还有没有第四个因素呢？我曾经尝试发掘其他因素，后来发现我能找到的其他因素都能归结到上述三大因素之中。后来我把上述三个因素和保罗·麦克莱恩的"三重脑"假说连接起来，就释然了——因为上述三个因素分别连接着人类从爬行动物进化到今天的"三重脑"。概而言之，认知是偏逻辑的，逻辑推理的机能在大脑皮层；情感则由大脑的颞叶和杏仁核来驱动和反应；行为是由下丘脑做出指令，脑干和小脑协调来完成的。

我们姑且假设认知脑在促进人们产生改变中的贡献大约为1/7，情感脑和行动脑的贡献各占3/7。最理想的情况下，"三脑合一"的改变才是最和谐、最彻底的改变。但在太多时候，人们所处的状态并不是"三脑合一"的和谐状态，所以内心会纠结、郁闷。认知脑、情感脑和行为脑经常在我们躯体里玩着"三国演义"的游戏，任何两者的合作都能够战胜第三者，甚至有的时候，某一个脑内部也会产生矛盾，如矛盾的认知、复杂的感情、下意识的动作等。"三重脑"模型的解释能力很强，能解释的现象超过人们的想象。

认知、情感和行为三脑之间始终维系着一种既相互促进，又相互制约的微妙关系。人的改变可以从任何一个脑开始，完成三脑互相促进的良性循环，一种自动强化的机制就开始了，人们从外界摄入的能量会源源不断供给到这个循环中。所谓"循环无端，周行不殆"，促进人们改变的循环可以从任何一个脑开始，重要的是要形成相互促进的良性循环。

从认知脑开始的例子极其普遍。比如，人们从书本、聊天中获取某种知识，认知脑开化了，决心要自己试试，从而驱动行动脑去

第五章
深度学习促进员工有效改变

行动,这种驱力在心理学上称为内驱力。认知带动了行动之后,就要看有没有得到期望的结果,如果得到了,人们就很兴奋——引发了积极的情绪体验,于是相互促进的循环就起来了,这种积极的情绪体验会激励人们思索,怎样才能做得更好、收获更大,鼓励认知脑进一步探索,探索又驱动实践,实践又引发情绪……周而复始。

从情绪脑开始的情况也很多。比如好奇心驱使人们去探索,好奇引发了某种情绪,驱使人们更深入地了解(认知脑),继而引发行动;也有受社会环境影响而行的,俗话说,榜样的力量是无穷的,榜样给人以心向往之的感觉,引发认知脑的探索和行动脑的参与。

从行为脑开始的情况往往是事先没有谋划,偶尔为之,却得到意想不到的结果,感受到意外而强烈的情绪体验,继而激励人们更大胆地去探索和行动。

不管从哪个脑开始,只要认知脑找到意义和价值,行动脑找到方法,情感脑得到积极的情感体验,激励三种脑能量不断参与进来的循环就能形成。相反,三个环节中的某个环节或多个环节没有得到激励,循环就建立不起来。首先,认知脑中没有建立起愿景,捕捉不到意义和价值,根本就不可能付诸行动,知识不付诸实践就没有意义;其次,认知脑积极行动,行动脑不得方法或不具备能力,行动受阻,就会止步于行动这个环节;再者,行动成功了,还要看带来的结果是不是预期的。如果结果是预期的,情绪脑会受到激励,进一步激发认知脑精益求精的探索兴趣,循环由此建立起来;如果结果不是预期的,意志力不坚强、好奇心不突出的人们可能会放弃继续下去,而意志力坚强的人们则可能驱动认知脑去反思、改进、再实践、再验证。意志力坚强的爱迪生能把这种验证失败再反复修正的循环重复3000次,他自己却说:"我只是成功地发现3000多种材料不适合做灯丝而已。"

三脑学说与三种教育主张

《上接战略 下接绩效:培训就该这样搞》的读者也许还记得我讲过驯兽、砌墙、浇花三个隐喻故事,分别对应着教育中的行为主义、认知主义、建构主义三种教育主张。接触了三脑学说之后,自然就引发了一个问题:"三重脑"和三种教育主张有没有关系呢?几经思考,我隐约感觉三种教育主张的区别仅仅是促人变化的切入点不同,从结果看,达到了殊途同归的效果。我甚至进一步设想,不管采用哪种教育主张施教,最后学习者娴熟掌握的状态,一定是三部分脑能量都参与了,达到了知、行、情合一的状态。

简单分析一下,行为主义最基本的标志就是不探究大脑的运作机理,把大脑当成是黑盒子,给学习者外部刺激,通过不变的奖惩措施持续强化,使学习者对同样的刺激产生持续稳定的行为反应。显然,行为主义最初的切入点是腹中脑——驱动人最原始的这部分脑工作,不就跟训练狗熊一样吗?尽管腹中脑在没有脑中脑和心中脑参与的情况下可以工作,但毕竟人是高级复杂动物,要让其行为发生持久变化,最终的状态必然是脑中脑认为合情合理,心中脑感觉心甘情愿,腹中脑驾轻就熟。比如刚入伍的新兵刚开始被用训练狗熊的方式训练叠被子,虽然被子叠得整整齐齐,但他们的脑中脑

第五章
深度学习促进员工有效改变

可能认为这都是走形式,心中脑可能非常厌恶这种游戏。经过腹中脑的一段时间强化后,新兵成为老兵,叠被子到了习惯成自然的程度,脑中脑的认知也会有升华,心中脑的讨厌情绪也不复存在。

认知主义从信息加工的角度出发,把大脑对信息的获取、理解、评估、决策、反应等信息加工过程的机理做了研究,甚至深入大脑的构造和各个器官的功能,显然是一种理解优先的理性的教学方法。可以理解为从脑中脑切入,先动用脑中脑的能量达到理解和认同后,再驱动腹中脑践行和强化,践行有效果后,心中脑自然得到积极的情感反应。最终达到娴熟掌握状态时,三脑的能量也都充分参与了。

建构主义又不一样,认为学员是学习的主体,知识是学员主动建构的,每个学员对同样知识输入建构的结果不尽相同,因为他们过去的知识结构和经验不相同。建构主义还强调学习的社会性,认为学习过程中伴随着不同人的不同观点之间的意义协商。也就是说,学员对某个事物的认知不仅源于自己直接经验的感知,还有赖于跟不同同学的意义协商。他可以根据自己的喜好,借鉴其他同学的意见,最后整合成属于自己的建构。社会协商似乎更强烈地暗示,建构主义是从心中脑切入的,学员首先根据自己的喜好选择性地接受外部信息,然后比照过往的知识和经验加工完成属于自己的独有的认知(脑中脑参与)。但建构绝不止步于认知,最后还需要腹中脑践行。

三脑学说帮我在大脑深处打通了三种教育主张,实际上三种教育主张不仅不矛盾,而且还是互补的,甚至有点"朝三暮四"的意味，不管从哪个脑切入，最后娴熟掌握的状态一定是三部分脑三位一体达成一致的状态。可见，三脑学说是一个更大的框架，能包容看似互不相容的三种教育主张。其实三种教育主张都有其合理之处。在社会科学领域，实用才是硬道理。

改变的"三德尔塔"法则

树木的成长是有年轮的，每一年都比上一年有明显的增量成长。人的成长也一样，假如人的成长也有"年轮"的话，每一年都应该有增量的成长，人才会有成就感，才能体验到成长的快乐，才会更有成长的动力。

具体到认知脑、情感脑和行为脑三个不同能量的运用系统，人们每年都要能够感觉到认知、行为和情感的增量，成长的"年轮"才会被清晰地感知到。有意思的是，这三个方面的增量是相互影响的，有增量的认知，才会有增量的行为；有增量的行为，才会有增量的情感体验；增量的情感体验，又会激励人们反思和更大胆地探索，于是，内在的能量循环就运转起来了。

人一旦建立起认知、行为、情感三者相互增强的内在循环，成长的通路就建立起来了。因为脑、心、腹三部分能量都有一个增量（德尔塔），所以成长的势能就很足，势能转化成动能，成长的动力也就很足。我发现，那些工作有激情、有目标意识和责任心强、执行力好的员工，总能找到自己的增量。这是我自己多年观察的经验和保罗·麦克莱恩的三脑理论建立连接以后的一种建构，我做了很多验证，感觉非常实用。我称之为"三德尔塔法则"。

第五章
深度学习促进员工有效改变

任何人，只要找到自己脑、心、腹三个维度的增量，不仅不会感觉职业厌倦，反而会越干越来劲。相反，在那些有职业厌倦感的人身上，总会发现脑、心、腹三个环节中某个环节的卡壳。所以，我经常问员工："你找到自己的增量了吗？"找到增量就找到了成长的乐趣；找到了成长的乐趣，就找到了生命的意义和价值，就能很好地把意义、活力、快乐三个人生最重要的要素整合好。每年都能找到增量的人，生命的"年轮"就很清晰，成长的轨迹就会形成像海螺一样的螺旋线，有目的的演进的过程线条就优美地呈现出来，我把这个过程形象地作了总结为如图5-3所示的三德尔塔法则成长螺旋。

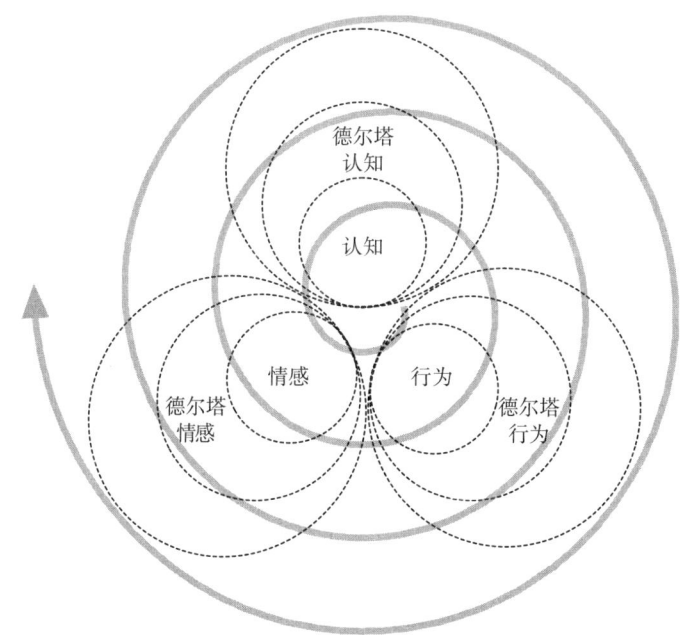

图5-3 三德尔塔法则成长螺旋

比如说打游戏。打游戏的初学者都先要了解游戏的规则，这就是认知脑的学习。然后再尝试打两把，试打的情感体验很重要。如果碰巧赢了，就会感受到一种积极的情感体验，更加强化了他对规则的理解和对自己能力的自信，就会更有积极性地再打下去。如果再打再赢，就会感受到更强烈的情感体验，于是一个"认知—行为—积极情感体验—更深刻认识—更积极行为—更积极情感体验"的良性循环就建立并强化了，多次强化后，打游戏就上瘾了。相反，如果头几把恰好手气不好输了，得到挫败的消极情感体验，这种体验就会促使他反思自己的认知是不是正确、可靠，继而考虑自己是不是适合玩这个游戏。如果多次都输，也许初学者会放弃这个游戏。

现代心理学已经研究发现刺激-反应回路的生理机制：惯常的外界刺激从网状神经系统传递到丘脑，丘脑和小脑联合能对刺激做出本能反应，然后通过下丘脑和脑干传递给身体其他器官做出动作反应，动作反应的结果再次通过网状神经传递给丘脑。丘脑附近有一块被称为"快乐中枢"的区域。如果丘脑判断这个结果是人们所期望的、积极的，就会立即激活"快乐中枢"，传递积极的情感体验。这个过程并不经过大脑皮层，甚至不需要启动边缘系统和杏仁核，完全由所谓的爬行动物脑独立完成。吃饭、睡觉等下意识的活动都是通过这个机制自动完成的。

课堂的作用是促进学员形成"认知—行为—情感"的第一圈，然后由学员在课后继续把这个雪球滚下去。课堂常常是雪球滚起来的基础，所以第一圈还是很重要的。从学员的角度看，正式课堂仅仅是其有效改变的一个环节，而学员真正的改变需要持久强化、持续能量投入的正循环。**有效的教学不仅仅是给学生知识就了事了，还要帮助学生建立起"认知—行为—情感"循环。这个循环形成，知识才能转化成能力。**

转化框架：让学习重在改变

学习的根本目的是改变，而课堂培训只是学员有效改变的一个环境而已。尽管这个环节比较重要，但绝不是学员有效改变的全部。不妨复盘一项个人的特长爱好，有人喜欢打羽毛球，有人喜欢弹钢琴，有人迷上了打游戏。哪一项特长不是因为认知、行为、情感三者形成相互促进的良性循环，经过长时间持续的能量投入才练成的？而应用新知就是形成这个循环的重要开始，就像滚雪球时最开始的一层。比如我走上老师这条路，一开始是认为某些知识有价值，就尝试给人讲，没想到收获了热烈的掌声和感谢，这就激励我钻研更多有价值的知识，更踊跃地讲课，当然又收获了更多更热烈的掌声，得到更积极的情感体验……逐渐形成了正循环。实际上，学员对老师的认同是老师持续促进"认知—行为—情感"正循环的需要。

无论课堂演绎得多么精彩，老师讲得多么眉飞色舞，学员笑得多么前仰后合，最后检验培训效果的只有一样：就是学员有没有改变。我认为，一切不以学员改变为目的的培训都是耍流氓，都是花拳绣腿。做培训和看表演最大的不同恰恰在于培训要追求学员的改变，而表演纯属娱乐，一笑了之，把培训往纯娱乐方向发展是很危险的。学员上课不是看小品、听相声，或只为了图个乐子。课堂上要给学员真实的体验没错，但须牢记，体验的目的必须是促进学员内心世界或外在行为的改变。

我认为五星教学是比较理想的促进学员深度学习、有效改变，兼顾学员吸收和转化的教学框架。这里不想大篇幅地论述五星教学，仅简单论述一下五星教学是如何均衡吸收与转化，提升教学效果的。美国犹他州立大学 M. 戴维·梅里尔（M. David Merrill）教授在综合比较研究了 11 种不同的教学步骤的主张后，提出了五星教学思想，把教学过程分为五大基本过程。

第一步：聚焦问题（Problem-centered）

聚焦问题强调教学要以问题或任务为中心。无论上什么课，无论谁上，学员都会不可避免地问：与我何干？对我有什么价值？如果学员找不到课程对他的价值，就很难真正参与。问题跟学员相关且有价值，才能真正吸引学员。我常说："作为老师，你没有资格在不问问题的情况下，塞给学员一堆知识。不解决任何实际问题地硬塞给学员一些将来或许有用的知识，是一种精神虐待。"聚焦问题就是要把课程所授内容和学员生活或工作中遇到的情景关联起来，既要让学员感到这个问题值得去探讨，又要能让学员觉得有足够的知识和经验，有资格参与这个问题的探讨，还要保证所授知识能够解决这个问题。因此，聚焦问题的难度还是很大的，为所授知识配一个恰到好处的问题是这个环节的难点。**聚焦问题的目的是激发学员的学习动机，抓住学员的注意力，把传统的灌输式教学模式转化为师生共同探讨问题的模式。**

第二步：激活旧知 (Activation)

激活旧知强调要有效激活学员之前与所授新知相关的知识和经验。学员们都是带着自己固有的信念、知识和经验来到课堂的。人们总是试图用以往的信念、知识和经验来解释这个世界，解释新事物。无论遇到何种外部刺激，人们都会自觉或不自觉地跟自己已有的相关知识和经验进行对比，这个过程是自然的，且对学习新知而言是不可或缺的。学习知识的过程就像编织席子，激活已有知识的外延相当于当前席子茬口的竹篾，新知就是学员要编进席子里的竹篾。激活旧知要把学员已有知识体系边缘的那些"竹篾"激活，以便把新知的"竹篾"编进其已有知识体系的"席子"里。老师在课堂上讲，学员用已有知识的"网兜"接，只有接到他们"网兜"里的知识，对他们来讲才是有用的。我还有一个比方：**旧知是消化新知的酶**。只有成功激活了旧知的酶，学员才能有效消化新知。而新知，无非是在旧知的基础上的拓展、延伸、综合和升级等。

成人教学中最大的挑战是学员都觉得自己饱经风霜，知道得很多。老师讲的内容哪怕他只知道个皮毛，他也会说：这个我很多年前就知道。知道不等于掌握。激活旧知就是要让学员先把自己知道的部分分享出来，老师充分肯定学员分享的旧知对解决问题的贡献，学员的参与性和学习热情就激发起来了。

第三步：论证新知 (Demonstration)

论证新知则主张在教学过程中，老师要向学员展示、论证即将学习的新知，而不仅仅是告知。学员希望课堂所授的新知能用已有的旧知来论证或解释，老师能帮助其建立新知和旧知的联系，帮助其理解，学员只有自己想明白了才会真正接受。

激活旧知环节做了充分铺垫，论证新知就变得容易很多。学员把他们知道的都分享了，老师要做的工作就是在学员分享的旧知基础上加以综合、延伸、拓展。好的老师总能潜移默化地转移知识的所有权，使学员一点儿都不会觉得老师的理论高深，似乎感觉新知并不是老师传授的，而是学员们相互协助、共同参悟出来的。这种老师就接近老子所谓的"太上，不知有之"的名师境界。教学效果达到了老子所谓的"功成事遂，百姓皆谓我自然"的境界。**当学员感觉自己拥有了新知的所有权的时候，我们有理由相信，学员除了对新知的理解，还对教学方式多了一份认同和喜欢。**

第四步：应用新知（Application）

应用新知即是安排学员对所传授的新知进行应用，学员自己验证了新知才会真信，新知同时也被学员强化。如果学员对新知验证无效，便会自己摈弃新知。这就要求老师给学员恰当的反馈和指导，以便其正确验证。

论证新知完成后，学员自然会产生"试一试"的冲动，要有意识地应用刚刚学来的知识或套路做事。有意识地应用新知有两种可能的效果。一种是新知一用就灵，非常奏效，学员就会受到激励，流露出满足的情绪，形成从知到行的闭环。另一种则是新知应用的效果并不理想，学员会质疑：是老师教的技巧无效，还是我没学会？这就需要老师及时进行反馈和纠偏，找到无效背后的真正原因，辅导纠正后再练习，直到练出效果，学员表露出满意情绪。如果学员试用新知没有效果，又得不到相关指导，就会选择抛弃新知。

缺乏及时和有效的反馈是造成无效学习的主要原因，反馈在学习中的作用远远比我们想象的要大。应用新知是在实践中寻求反馈的过程，聪明的学习者会自己寻求反馈，有效果会激励自己，无效果会寻求帮助。**老师也要借助反馈给学员赋能，做对了要赞赏，没做对要支持和鼓励。走点弯路、多折腾一点才会更好地掌握。**

第五步：融会贯通（Integration）

五星教学法的最后一个环节叫融会贯通。融会贯通是学习完成的状态。学员彻底掌握新知的标志是新知和旧知完全被整合在一起，分辨不清什么是新知、什么是旧知。所以如果一个司机念着口诀倒库移库，说明他是新手，因为老手倒库移库的时候全凭感觉和行为惯性，就能把车停到车库里。你若问他停车的动作要领，他反倒要想半天。

达到融会贯通水准的学员可以做到潜意识反应，达到"无意识、有能力"的状态。达到融会贯通水准，需要一个比较漫长的过程。动作技能达到融会贯通的境界通常需要大量的刻意练习。

达到融会贯通水准是一个较漫长的过程，需要学员课后持续努力。前文讨论过，**任何知识和技能的彻底掌握，都免不了长期持续的"认知—行为—情感"循环强化过程。**在课堂上，学员对某种知识或某项技能有了新的认知，新的认知引发新的行为，新的行为带来新的积极的情感体验，积极的情感体验又激励更深入的钻研，加深的认知引发更大胆的实践……如此循环往复。在每个循环中，都有增量的认知、增量的行为、增量的情感体验，最后当学员达到融会贯通的境界时，对知识的应用不仅可以信手拈来，而且能够灵活迁移。最重要的是，保持"认知—行为—情感—德尔塔认知—德尔塔行为—德尔塔情感"这个良性循环的持续迭代。初步的理解是讲师在课堂上传授的，更深入的理解则要靠持续的实践和反思。

兼顾吸收和转化

不难看出，五星教学的过程是一个师生拉风箱的过程。首先，聚焦问题是老师主导的，老师抛出问题，激发学员参与和思考。我经常讲，作为老师，尽管不容易控制学员思维的过程和方式，但至少还可以通过聚焦问题，引导学员思考的方向和内容。其次，激活旧知就是把球抛给学员，让学员充分回忆自己跟问题相关的旧知，旧知是学员消化新知的酶。这个过程中，学员们要充分发言，集思广益，甚至激荡起很多不同的主张和方案，分析种种可能。探索未知是人类与生俱来的本能。再者，论证新知又将主动权还到老师手里，孔子讲："不愤不启，不悱不发。"等学员们充分讨论、深度思考后，老师综合学员们的论述，论证新知的科学性，在学员大脑中完成理性的建构。其实新知往往是在旧知基础上的延伸、综合和桥接。最后，应用新知又轮到学员动作了，要让学员自己动手，亲自验证一下新知。这个环节中，学员是有意识应用新知的，所以老师要及时辅导和纠正。当学员正确运用、取得成效后，新知的"威力"给学员很大的激励，能够激励其再次应用。最后是融会贯通，这往往是一个漫长的环节，当然更主要看学员的持续应用和改造，

第五章
深度学习促进员工有效改变

最后达到潜意识反应运用自如的状态。所以，好的课堂，师生之间犹如拍花巴掌，"你拍一，我拍一"地交互进行。任何不交互的活动，时间长了都会让参与者感觉索然无趣。《周易》讲"天地交泰"，是说天气下行，地气上行，阴阳交汇，才会通泰。天地不交，各玩各的，天高高在上，地兀自在下，彼此不交汇，就陷入否态。

老师的工作就是促进学员更富有成效地思考，引导其做出有利于自己、有利于组织的决策。**学习的效率受制于学生的接受水平和转化程度**。不管老师讲多少，学员的接受能力总是有限的，同时，老师讲多了，留给学员思考的时间也就少了，转化率也就低了。教学过程实际上是转化知识和技能所有权的过程，学员把老师所传授的知识技能完全转化成自己的，才会真正理解接受，才会有相应的变化，教学才能达到超一流境界，学员才会有"功成事遂，百姓皆谓我自然"的感觉。

五星教学的精髓在于**用一套行之有效的教学框架，把传统的知识推送式教学模式转化成师生共同面对的问题探讨模式，保障教学在对话中进行，最大限度地降低学员的认知负荷，提升参与度和吸收转化率**。这种教学使学员掌握知识的同时，也了解知识的来龙去脉，获得知识的同时，也获得生产知识的方法。

注重实效：有实效，才会有动力

传统的教学以传授知识为主，想当然地认为学员能够在工作中主动运用知识解决问题。而实际上，从知到行之间距离非常远。教学的最大责任不是介绍知识，而是帮助学生把知识转化成自己的认知，辅导学生运用知识解决问题。也唯有如此，师生才都能从教学活动中感受到知识的价值，获得直接的效果反馈。

打破"课上激动，课下不行动"的魔咒

我曾应邀给一个企业的高管团队上"赋能领导力"课，在开场白中我就声明：点滴的收获都是学员自己折腾的结果，动员学员要舍得投入，多折腾自己。我的课程是讲练结合的形式，练习的比重占一半。

很快我就发现，学员听课很认真，但做练习时就很应付，而且越是高职位的领导，越放不下身段去做那些他们眼中的小练习。我再次强调：你的学习效果不仅取决于听课的认真程度，还取决于你对待每一次练习的认真程度。半天过后，我就收到主办方的反馈："核心高管都在现场，反映说授课节奏太慢，掺水太多，干货太少，他们不适应。"看来必须调整教学策略了，凡事都要循序渐进，既然学生不适应，就要适当调整。在后续的课程中，每到谈论或练习的环节，我就征求学员的意见。学员们一致同意省去讨论环节，要多听老师分享。我就应学员要求讲了一些案例。学员们听得非常过瘾，对效果也非常满意。临结束的时候，我又留了一点时间答疑。有一位高管学员很困惑地问我："老师，我们这个团队非常爱学习，高管团队每年脱产学习一星期。我们听了很多课，但我心中一直有个困惑：如何解决培训在课堂上很激动，下课后不行动的问题？"我回答说："不用问，今天这堂课一定是你说的那种课堂很激动，

第五章
深度学习促进员工有效改变

课后不行动的效果。"现场的学员对我的坦诚感到震惊。我接着说:"在课堂上,专门辟出时间,有专门老师指导的练习你们尚且不做,凭什么让我相信,在课后,每天都有很多杂务,没有老师指导的情况下,你们会用所学的东西?这次课你们听得很满意,但在我看来却是我全年讲得效果最差的一次课。为什么呢?学习不是只听课,而是要有实实在在的思维方式或行为模式的改变。我能理解你们期望听干货的心情,对我这样每年讲一百多天课的老师来讲,兜干货是最容易的事,你信不信我在梦游状态下都可以兜两天干货。老师兜完干货,你们在工作中用不上,也是白搭。还是那句话:**点滴收获都需要自己亲自折腾,不折腾,知识不属于你**。我非常感谢你的提问,让我有机会在最后的时刻弥补心中的缺憾,如果你们从此意识到:不讨论、不练习、不折腾,知识就不属于你的话,也许以后的课堂你们会积极互动,甚至老师干讲,你们会拼命提问或要求练习,努力把知识转化成自己的。但愿这次课是你们今生听到的最后一次'课上激动,课下不行动'的课。"

渴望听干货不是学员的错,习惯了填鸭式的讲干货也不是老师的错,这是我们多年来已经形成的模式。但习惯的并不一定是合理的、有效的。无论是老师还是学员,都应该思考怎样做才能促成学员有效改变,提升学员的吸收转化率。

停止说教,与学员一起直面问题

一个周末,内训师张老师从北京赶往某省会城市要为其当地分公司的销售部上一天销售课。这些销售人员平时上班都懒懒散散,何况周末早上还要爬起来听课。到9点要开课的时候，教室里只来了四五个人，张老师只好内心拔凉拔凉地等待。学员们稀稀拉拉地陆续进场，多数人的表情流露出极大的不情愿和应付状态。有人甚至穿着拖鞋、大裤衩，手上还拿着煎饼果子，漫不经心地往座位上一坐，跷着二郎腿等待老师开讲。直到9点半才凑了十几个人。看到学员们懒洋洋的样子，张老师也觉得索然无味，他想：既然大家都是迫于公司安排勉强应付，这堂课我也就应付过去得了。

一开场，张老师说："我知道大家都辛苦一周了，好不容易熬到周末，本该好好休息一下，又被提溜来培训。我也知道你们很多人心思不在课堂上。当然，我也不希望自己毫无价值地出一趟差。要不这样，我把原本一天的内容拣重点压缩到半天讲完，以我多年做销售的经验和我的课程知识，倒是可以帮助大家分析一下你们手上的项目，下午有兴趣的同学留下，我们一起搞个小范围的项目诊断会。没兴趣的同学就可以提前回家了。"学员们皆大欢喜。

张老师调整了他的授课策略，用了一个多小时把核心要点快速讲了一遍，然后又举了一两个案例。11点半的时候，学员张三举手发言说："老师，能否直接用您讲的理论分析我现在正在做的一个项目？我正头疼呢。"于是，张老师就让张三来介绍他的项目背景，然后带领所有同学用所学内容来分析项目的目标、不同角色的需求和关注点、竞争情况等。分析的结果让张三脑洞大开，当即制订了近两周的行动计划。他感慨地说："我以前是纯粹凭感觉做项目，每次拜访客户都没有特别明确的目标，这下子我知道怎么分析了，每回该干什么了。"受到张三的鼓励，其他学员也纷纷举手要求老师分析自己的项目。张老师说："不着急，一个一个来，你们可以先分析，我负责答疑。每个人的项目都可以用今天所学的知识来分析。"

下午的课堂干脆演变成了学员们自发组织的项目分析会，张老师变成了辅导员，随时听学员召唤。张三也成了助教，穿梭于不同小组之间。课堂上不时传来尖叫声和叹息声，"我知道怎么做了，周一就去做""唉，原来我那个项目是因为收口心切才导致拖延的"。甚至上午缺席的学员也纷纷赶过来要张老师分析自己的项目，直到下午6点还没人离开。晚上还有一帮学员要请张老师喝酒，说一天的培训收获太大了。

张老师后来反思：以前那么多课程讲得口干舌燥也没有这么好的效果呀！今天的课本来是想应付，却歪打正着，得到了意想不到的效果。究竟做对了什么才取得了这么好的效果？张老师反思出以下几点：第一，引导学员把所学知识和自己正在进行的项目关联起来，学员感受到了知识的价值。第二，学员用所学知识分析真实项目的行为，在其内在完成了知识的内化和转换。传统的课堂只是信息输入，实际上，引导学员进行知识的内化和转换才是课堂的重点。第三，把参与感和操控权给了学员，让学员成为课程的主人。第四，学员从其他学员身上学习更容易，也更有效。

实际上，学生并非天生厌恶学习，而是不能接受填鸭式教学。传统的教学总是给学生一些将来或许有用，但当下感受不到什么价值的知识。**有一种冷叫作你妈妈觉得你冷，有一种知识叫作你老师觉得它有用。**这种 What（知识）带 How（行动）的教法已经严重不合时宜，取而代之的应该是以How（行动）带What（知识）的形式。人人都讨厌别人对自己说教，却渴望有人能够帮助解决困扰自己的问题。知识是用来解决问题的，传授知识的方式应该是以知识解决的问题为切入点。课堂要敢于面对真实问题，师生双双进入问题探讨模式，知识应该在解决问题的过程中给出，学员自然能高意愿深度参与。

不能应用的知识充其量是茶余饭后的谈资，只有把知识和实实在在的应用场景紧密结合，用知识解决问题，学生才愿意参与，而老师也能从学生真实的案例中获取素材。无论对老师还是学生，最重要的都是把理论和实践紧密结合，而这种教学，迫使老师用自己的理论帮助学生解决实际问题，又让学生通过实际项目体验有理论指导的威力，老师收获了案例，学生收获了有价值的知识，真正的教学相长只能在解决实际问题的课堂上出现。

"知"只是谈资，"行"才能创造价值

很多培训效果不佳的一个重要原因是"学"和"习"脱节，只有"学"，没有"习"，这个现象在技能类培训中尤为突出。我认为，技能是能够付诸行动的知识，是有关How（行动）的知识和一组可以表现出来的行动组成的，技能学习的重点是让学员内在生成自己版本的套路，通过大量的刻意练习教自己内在的"狗熊"无意识地自动反应。而常见的技能培训的失误在于简单地把技能知识化，老师以为把套路介绍给学员就万事大吉了，而学习的重心恰恰是帮助学员生成自己的套路并付诸行动。

第五章
深度学习促进员工有效改变

举一个常见的培训情境。某老师给销售员讲解拜访客户的五步骤：怎么自我介绍、怎么开场、怎么提问、怎么处理异议等。老师讲得天花乱坠，道理也讲得无比明白，遗憾的是课堂上没有练习。下课时老师嘱咐学员：要点就这么多，你们回去再琢磨琢磨。有多少学员会去试一下老师讲的五步骤呢？通常只有10%的学员。

技能类培训怎样才有效果？我的建议是反复练。比如，把学员两两组对，一个扮演客户，一个扮演销售员。每个环节在课堂上至少练习四遍，练完之后学员相互反馈，老师进行点评和纠正。也可以让销售员组团模拟打单，集体做标书，模拟讲标，课堂就像真实的工作情境，会激发学员的争胜心。

技能类培训必须练习，练习到什么程度？把各种可能的情况都练一遍，无论面对什么脾性、什么风格的"张总"都能应对。让学员在课堂上就能应对各种变化的情境，有强烈的信心，有马上就要在实践中一试身手的冲动，这样就能有30%～50%的学员会去试一下。如果有人试了之后有效果，也会给同事介绍经验，培训就算达到效果了。

技能课绝对不能讲太多的知识，主要是练，要练会为止，甚至要练到课后跟踪学员练习应用的状况。如果发现学员在应用过程中存在问题，还可以就同样的技能做提高班或问题交流研讨班。我们通常的做法是，把原来的课程重新包装，换个名字，改改案例，变换演练形式，核心理念和技能还是原来的，把学员召集起来再讲一遍，这样学员在两次课上能把同样的技能练习八遍。一些聪明的学员很快会发现这次培训跟上次是一样的，换汤不换药，一脸困惑。

我说:"关键不是老师讲了没有,而是你会了没有,只要学员没有真正掌握,就要反复培训,变个花样是为了消除学员的厌倦感。"

直面问题:从业务中来,到业务中去

如果有人跟你说,可以用四天的时间实现如下教学目标:
- 引入五星教学法,并在骨干内训师团队落地;
- 以业务场景为线索,萃取一线业务精英的最佳实践经验;
- 开发一门以真实的业务场景和实践案例为内容的五星教学式的精品课程;
- 教内训师和业务骨干学会把行动学习当成一种工作方式;
- 培养一批下课就可以去讲课的内训师。

也许你不等他讲完,就会说,忽悠,接着忽悠,反正搞培训的都是大忽悠!结果,四天下来,效果出乎意料的好。为什么会这样?请耐心听我讲完,你再慢慢评判。

倘若内训工作者敢于直面业务难题,能够用自己的专业帮助业务团队把最佳业务实践萃取成知识,继而把知识开发成课程,再把业务骨干培养成能用五星教学授课的内训师,把全国的业务人员轮训一遍,对业务的促进会不会很直接?

某大牌企业的培训总监对我搞规模轮训的做法羡慕不已。我向她详细介绍了做法之后,她又开始发愁如何开发一门紧贴业务实践的精品课程,因为只有花工夫开发的精品课程才能保证规模轮训的总体质量。我又向她介绍了我是如何用行动学习的方式快速开发面向业务问题的精品课程的（该内容在我的《精品课程是怎样炼成的》一书中详细介绍过）。她听完非常兴奋，说："敢情你已经有全套的解决方案了。"随即向我发出邀请，问我愿不愿意带领他们的全国业务骨干用三四天萃取业务经验并开发一门精品课程，我欣然应允。

课前我对他们的业务开展过程和核心业务场景做了调研，并针对每一个核心业务场景要用到的理论做了主题阅读，我可以不是业务专家，但足以通过主题阅读探索他们的典型业务场景中所适用的理论。我的优势在于：凡是跟人打交道的业务场景，背后都离不开心理学，而我的心理学功底扎实。实践证明，我的前期准备很关键，正是由于这些准备，我在课堂上面对学员的业务实践有精准的分析和拔高的点评，而我的这些研究后来也成为我们共同开发的这门课程的理论框架。

四天课程的学员组成情况是这样的：大部分是资深业务骨干组成的内训师和小部分高潜业务骨干，还有个别大区业务总监共20多人。

四天的课程是这样进行的：

第一天上午，我先给大家介绍了基本的课程设计原理，指出一门好的课程必须有好的理论框架、好的教学框架，以及基于真实业务场景的案例和最佳实践。这样既可以让业务人员有理论上的拔高，也有接地气的最佳实践做参考，既明白为什么要这么做，又能够依葫芦画瓢地照着去做，当然很容易落地了。接着又系统地介绍了五星教学框架，指出五星教学框架是基于师生互动，是手把手把学员教会的一种实用教学框架,有好的内容还要用好的方法教给学员。

从第一天下午开始,我就针对他们业务中的每一个典型场景用微行动学习的方式做案例萃取。有的场景用讲故事的方式,有的场景用团队共创的方式,也有的场景用典型桥段模拟的方式进行。微行动学习之后,每个小组都有基于真实业务又可以适当做艺术加工的典型案例或素材萃取出来。而我用事先做的功课对这些典型案例、素材的有效性和背后的理论进行点评。

有学员说我身上最难学会的是对他们的案例做出独到的点评。这些做法是他们在实践中摸索出来的,每天都在用,却不知其背后的原理,我的点评让他们有升华的感觉。我说,朴素的经验只有经过理论的升华,提炼出背后起作用的要素和套路,让员工带着套路去刻意实践,才能变成行为可复制的、效果可预期的方法论。

就这样,把每个场景的典型案例和素材萃取完了之后,我又让大家试图把这些典型场景中的微理论、最佳实践案例和五星教学框架整合起来,形成一个可以用五星教学法进行的教学单元。这时候大家发现,刚刚萃取的案例简直太有用了:既可以作为聚焦问题的场景,也可以作为激活旧知的引子(老师讲一个故事,引导学员讲出自己的故事),还可以作为论证新知过程中的举例,当然也可以做成应用新知前的样板。有理论框架、有教学框架、有基于真实场景的案例,现场完成一个教学单元的备课。然后各组再进行试讲,试讲完后其他小组和我给他们点评,提出合理化改进建议。改完后各组再讲,最终形成一个单元的标准教案。每天晚上全班备课都备

第五章
深度学习促进员工有效改变

到很晚。到第三天下午结束的时候,终于开发了一共六个典型业务场景的单元教学,把每个单元串起来,就齐活了。

第四天,每个内训师认领一部分内容,在班里进行模拟试讲。每人用20分钟讲完后,全班学员和我又给其提出改进建议和意见,为每个内训师指出1~2个需要刻意练习的改进点。当然更多的是肯定和鼓励。随后,由内训师现场结对子,安排规模轮训的排班表,十几位内训师在两个月内覆盖数百名一线业务员工,规模轮训可以轻松开展了。每个内训师承担四五次授课任务。两天的课由两位内训师结对授课,共同备课,每人讲一天。其中一位内训师授课的时候,另一位内训师当观察员,观察授课内训师是不是用的五星教学,是不是有效果,学员的参与性和反应状态如何,是不是刻意改进试讲时老师指出的问题。每天课后两位老师切磋课程改进方案和每个人的改进计划。

接下来,每周各地的内训师授课回来之后,我组织他们复盘改进,根据学员的反馈状况改进课程:哪些难点需要重新设计?哪些案例可以用学员现场分享的更精辟的案例替换?学员常问的问题应该如何应对?某位老师现场发挥的神来之笔是否可以加到课件中去?就这样,课程不断地快速迭代升级。真正实现了我所说的,**一堂课下来,学员有收获,对组织有贡献,老师有提升,课程有改进的"四赢"梦想**。

评教的时候,我看见一个大区总经理这样写道:以后的培训都要这样接地气才行!最后一晚吃饭的时候,一个学员跟我说:"田老师,我是完美型性格,给大多数老师的评教都打2、3分,唯独你的课我每一项都打5分。在你的课上我才知道什么是真正的教学，什么是接地气的课程开发，现在反思我们以前的上课真是太业余了。"

这个案例进一步验证了我的一贯主张，教学专家和业务骨干应该是优势互补的，教学专家有理论研究、教学框架和行动学习工具，业务骨干有最佳业务实践和业务内容，把实践和业务内容中的核心要素萃取出来，和业务关联，再装到五星教学的教学框架中去，简直是完美的结合。既有快速主题阅读的本领，又有五星教学框架，还能用微行动学习的方式萃取经验——有了我在实践中发展出来的这套"组合拳"，还有什么课程难以开发？

我在《上接战略 下接绩效：培训就该这样搞》的前言中写道：**建构主义 + 精品课程开发 + 五星教学 + 行动学习 = 所向披靡**。这次我终于把自己总结的这个公式在四天时间里结结实实、完完整整地整合实践了一把！

第六章

生生不息的变革与文化

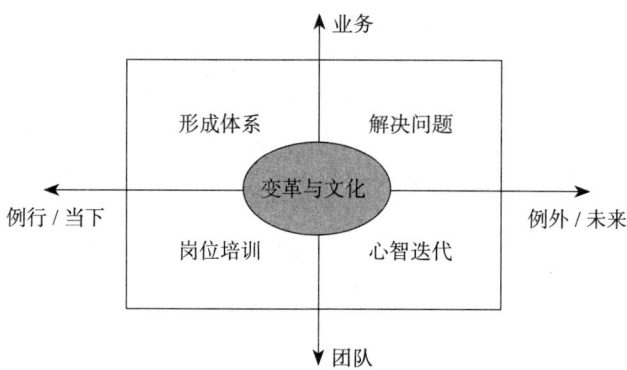

- 主动求变：组织的核心能力
- 变革关键：始于心智，成于共识，根植文化
- 夯实变革的群众基础
- 规模轮训：高效推进变革
- 双向并举：用文化与制度锁定新模式
- 触动灵魂：文化要内化于心，外显于行
- 周行不殆，持续推行

第六章
生生不息的变革与文化

我认为变革和文化是组织学习中如影随形、始终不变的主题。甚至可以说，变革力是当今时代最重要的组织能力。而变革始于人心，文化正是变革过程中最内核的要素。

主动求变：组织的核心能力

互联网正在用全新的方式颠覆性地重新定义各个领域，传统产业互联网化的进程势不可挡。在这个大背景下，企业试图靠找到蓝海生存是很困难的。所谓的蓝海只是暂时的避风港，只要某个领域或某种商业模式有利可图，野蛮的资本和山寨的力量就会快速跟进，迅速把蓝海变为红海。因此，未来的企业只有持续创新、快速变革，不断找到新的蓝海，才能保持持续的领先优势。未来企业之间的竞争，归根结底是变革效率的竞争。

互联网时代之前的传统企业战略并不会轻易改变，大多数企业领导者的核心任务是落实既定的战略方针。而互联网时代的领导者则需要持续不断地根据外部环境的变化而调整其战略、设计其业务。业务设计能力成为新时代领导者的重要能力。摆在各级领导者面前的共同命题是：如何动态地、随需应变地、创造性地设计业务，适应环境。

我的一位企业家朋友非常苦恼地找我倾诉他经营过程中的烦恼。我感觉他的经营处于疲于应付状态，几乎把全部精力用于处理客户投诉、收拾烂尾项目、挽留骨干员工之类的事情上。我开玩笑说，你的工作只有生活与苟且，没有诗与远方。一个人的精力总是有限的，如果把全部精力投入到生活与苟且中去，就没有精力去考虑未来发展的诗与远方的事情。

我们可以把一个人所做的事情划分为两类：一类是按照自己的意愿和规划主动去做的，另一类是为外力所迫不得不做的事情。有的人工作越做越狼狈。被动应付不仅会让人陷入当下的疲惫状态，更重要的是，对未来缺乏设计必然使其陷入更大的被动，不得不付出更大的精力应付未来的不确定性，由此陷入越来越疲惫的恶性循环。所以，当一个人长期把全部精力用于应付当下的话，他迟早会不能胜任。有的人工作会越来越轻松，这样的人总是积极主动地规划未来。**主动求变会给人成就感和掌控感。越主动，越轻松。当一个人为自己想要的东西而忙碌的时候，就没有精力为不想要的东西分心了。**谷歌提倡每个人应该把20%的精力用于做与工作无关的事情，客观上起到了良好配置员工能量运用结构的作用，使得员工有精力从事创新性工作，有机会为未来发展考虑。当工作进入主动求变的正循环的时候，一个人的聪明才干和创新思维才能充分地在工

第六章

生生不息的变革与文化

作中发挥出来，才能活出绽放的状态。

欧洲工商管理学院 J. 斯图尔特·布莱克教授在他的《变革始于个人》一书中把变革分为预期性变革、反应性变革和危机性变革三种类型。预期性变革是在现有模式最辉煌的时候，就能敏锐地嗅到新的机会或预见到潜在的风险，"日中则昃，月满则亏"、"物禁太盛"，辉煌的巅峰即是衰落的开始，这时候团队成员都沉浸在成功的喜悦中，没有人认为需要变革，所以推动变革的难度最大。而此时推动变革所要付出的成本最低，变革成功的潜在收益也会因为占了先机而增高，这就要求领导者具有更长远的眼光、更大的魄力和更强硬的手腕。反应性变革则是大势已经形成，组织已经感受到环境变化带来的威胁和压力，领导者决定采取变革以适应变化，这时团队中部分先知先觉的人也觉察到变革的必要性，所以推行变革的难度适中，付出的成本也适中，变革成功所带来的预期回报也适中，谈不上占先机，也没有落伍。到了危机性变革，就是为形势所迫，不变革就要被市场淘汰了，这时候变革的危机感和团队共识很容易形成，可惜市场的先机已经被竞争对手占尽，变革的成本很大，难度也很大，变革成功所带来的收益也没那么明显了，勉强可称为跟上形势，没被淘汰出局而已。显然，乔布斯带领的苹果所进行的智能手机领域变革堪称预见性变革，随之而来的三星智能手机业务的变革算是反应性变革，而诺基亚则悲催地为危机性变革失败做了注解。

在互联网时代，如果领导者不能主动求变，必然陷入疲于应变状态。主动求变能把握先机，掌握主动，形成竞争优势；主动求变能活出自己的风格，充分发挥自己的才干，绽放更多精彩；主动求变会最大限度地收获成就感和成长感，更容易获得社会认同。

变革关键：始于心智，成于共识，根植文化

我们去 GE 考察时了解到：GE 的克劳顿维尔的定位是相当高的，他们最为自豪的是培养变革过程中所需要的领导力，即使没有杰克·韦尔奇、杰夫·伊梅尔特，克劳顿维尔也会培养出优秀的人才来做 GE 的 CEO。克劳顿维尔的很多培训是以组织发展中遇到的实际问题为命题的，学员们要经过三周的行动学习，其间还要进行大量的社会调研和客户走访，用行动学习的方式解决自身发展的实际问题。这种培训是中高层经理人培训的主要形式。GE 的克劳顿维尔同时担负着组织战略变革的孵化中心和优秀干部的塑造中心双重角色。真正的企业大学当如此定位！

近些年来，国内掀起了企业大学热。从老板的角度看，当然不希望企业大学仅仅是培训部的改名。老板们之所以下定决心成立企业大学，一定是对企业大学有着更高的期望。支持战略落地和为企业变革保驾护航是企业大学与培训部的根本不同。

变革始于领导者的心智迭代

未来企业的竞争不是战略定位之争，而是变革的速度与质量之争。组织必须在持续的变革中获得并维持动态的竞争优势。组织要想生存，必须持续创新、快速变革，不断找到临时的蓝海。未来的

第六章
生生不息的变革与文化

企业要像导弹一样,有很强的反馈系统,边飞行边反馈,随时调整飞行方向和路线。

任何变革都是理念先行,组织的重大变革总是始于领导者的心智迭代。任何伟大的变革都是从最高领导者的脑海开始的,企业转型的本质是领导者"转心"。企业大学如何帮助各级领导者转型,使他们的认知水平领先于时代,使他们的领导风格与时代匹配?这是企业大学必须面对的课题。我甚至认为,在领导力发展方面的贡献是企业大学价值体现的最重要方面。

变革成于团队的高质量共识

人的因素是决定变革成败的关键因素。在组织变革过程中,企业大学显然可以大有可为。如何制造紧迫感?如何集思广益提高决策质量?如何在最大范围内形成高质量的团队共识?如何把局部最佳实践总结传播形成模式?如何帮助员工适应新的业务模式?这些问题都可以用培训的方式开展。

变革终于根植团队的企业文化

文化就像磁场一样,虽然看不见,却是客观存在并一直在起作用的。最深层次的变革是文化层面的变革,变革管理者如果不能主导文化改变,变革必然受制于旧文化的干扰。战略、变革、文化要形成良性的互相促进的动态迭代关系。IBM能让大象跳舞,华为能让年轻人热血沸腾,海底捞把成功归结为"造人"的成功,这些都足以证明在商业成功的背后离不开优秀组织文化的支撑。正是文化迸发出的巨大力量使得组织成员坚定信念、同心同德、同步同调，以此推动团队不断发展壮大。

文化并不是挂在墙上的使命、愿景和价值观。要让员工深入骨髓地践行企业文化是需要下一番功夫的。我认为态度是附着了浓厚情感的认知，文化学习的要害在于引导员工把自己的真情实感和组织的文化要素关联起来。思想和观点可以轻松传播，态度和信仰却只能用内心深处的体验和情感慢慢滋养。《周易》恒卦说："圣人久于其道而天下化成。""化"需要一个过程，习惯成自然，坚持久了才会成为文化。文化形成的关键在于坚持按照核心价值观、组织的理念原则做事情，处理问题。世间本没有文化，秉持同一原则久了便成为文化。

变革受到文化塑造影响

勇于创新的企业文化对企业的发展变革又有积极的促进作用。未来的竞争，比的不是产品，而是产品背后的团队，比的不是员工数量，而是员工的状态。在这样的形势背景下，企业大学在组织中的地位确实应当提到更高的高度。企业大学可以扮演组织战略有效执行、变革成功落地推动器的角色。企业大学可以作为一个企业级部门协助推动企业变更，甚至潜移默化地改变企业文化，以使企业在业务层面能够迎合云时代客户的要求。在员工治理层面能够逐步发扬民主，激发和释放蕴藏在员工身上的巨大潜能，成规模地解决组织在变革过程中的人员能力问题。

每一次战略转移必然导致组织能力的结构化改变，每一次变革

第六章
生生不息的变革与文化

都意味着和过去决裂。也唯有变革，组织才能持续发展，员工才能持续成长。唯有在组织持续的动态变革中发挥积极的作用，企业大学的价值才能与时俱进，企业大学在组织中的地位才会越来越高。我认为企业大学必须走在企业变革的最前列，成为重要的推动组织变革的力量，而不是被动地等待命运的安排。企业大学如何走在变革的前列，与组织变革共舞，是又一个值得深入探讨的话题。

夯实变革的群众基础

组织陷入失败陷阱的原因可能有两种：一是确实因为失败的决策，不得不中途叫停。但更大可能的情境是，决策本身没错，真正的问题出在团队成员对决策不理解、不支持、没有达成共识上。人的因素是变革成功的决定性因素，企业陷入失败循环的关键原因在于：各级领导者在引领团队形成对变革愿景达成高质量的共识上做得不够，造成团队成员不理解、不支持、不会做，莫衷一是。

组织成功转变的最大障碍是对人的因素重视不够。

组织利益与员工利益

表面上看变革是对战略、系统、组织架构、制度流程等的改变，实际上，比这些表面上的改变更为核心的是人的改变。太多的时候，团队成员对变革的目标和方向不是不理解，而是不能很好地把变革的目标和方向与个人的诉求、愿景、利益结合起来。组织变革，大的愿景固然不可或缺，但每一个参与者也不可避免地打着自己的小算盘，他们会问：变革成功对我意味着什么？

人们只有探寻到变革成功对自己带来的更大利益和意义时，才会真正克服情感和习惯的阻力来支持变革。变革为组织带来的利益称为组织利益，为个人带来的利益称为个人利益。在达成共识上，领导者首要的工作就是**把组织利益与个人利益嫁接在一起，让每一个参与者为组织目标奋斗的同时，能够清楚地知道奋斗对自己意味着什么。**

为了达成共识，领导者需要分析变革给员工带来的利益。一般而言，员工真正在乎的利益体现在以下五个方面：

- 成就感：变革会给自己带来哪些成就感，同时可以从哪些方面成就个人？
- 成长性：参与变革对未来发展的影响，即自己能否在变革中获得锻炼，能力能否得到提升？
- 灵活性：能否给自己灵活的授权，以充分施展自己的才华？
- 社会关系：跟谁一起共事，是否有机会发展积极长远的社会关系？
- 物质报酬：当期和远期物质回报有什么？

不同价值取向的员工和不同发展阶段的员工对上述五者偏好的比重不同，但大致可以从上述五个方面分析员工的利益。当然，也可以用表格的形式对核心员工的个人利益进行具体分析（表6–1）。

第六章
生生不息的变革与文化

表 6-1 员工利益分析表

变革愿景/目标	员工利益	
	成就感	
	成长性	
	灵活性	
	社会关系	
	物质报酬	

员工在旧的模式下重复工作久了就会进入舒适区,而舒适和成长是不相容的。领导者要做的重要工作是帮助员工厘清变革成功对其意味着什么。好消息是,变革遇到的挑战和创新的机会恰恰为员工提供了成就自我、充分施展和快速成长的机会。因此,变革成功和员工诉求可以建立的关联很多,领导者自己要养成建立积极关联的习惯,也要帮助员工建立积极关联。**寻求意义是大脑的本能性反应,而意义本身也有很强的主观性。**表面上,大家都积极地投身某项事业,但内心中,每个人投入事业的理由都不尽相同。领导者有义务帮助每一个参与者找到自己全身心投入其中的理由。

事实上,多数理工科出身的经理人及受西方思想影响的经理人是很擅长,也很习惯对员工进行利益分析的,领导水平的差距并不体现在兼顾员工利益上。

情感共鸣:再通透的道理都不能代替情感体验

把员工的个人利益与推行变革的组织利益结合起来,对确保变革的成功来讲非常必需,但仍然不足够。因为即便满足利益,人们也未必采取行动。绝大多数"烟民"都知道吸烟有害健康,却仍然不能戒烟;绝大多数行人都知道过马路闯红灯危险,但仍有人在红灯时横穿马路。利益只是脑中脑的诉求,却常常招架不住心中脑的情感阻抗和腹中脑的习惯阻抗。因此,团队要达成高质量的共识,还要打好情感牌。

变革大师约翰·科特总结出通往变革的两条途径:一条是"分析—思考—改变",而另一条则是"目睹—感受—改变"。他认为"目睹—感受—改变"途径常常更奏效且影响深远。我把认知比作弱电,是传递信号用的,只有12V或5V,而情感才是真正的动力,能达到380V或220V。

"分析—思考—改变"是走脑的,是思维层面的,讲道理、传递信息只是改变认知的方式。而"目睹—感受—改变"是走心的,是从感官刺激到心理感受,是情感通路。触动情感则需要用情感的方式。情感经常跟声音、画面紧密关联在一起,声音、画面的刺激常常能引起情绪反应。要让人全身心地投入变革,就需要用多种线索、多种感觉、强烈对比、反复强化等多维度方式来促进情感的改变。

> 小孩在超市看上一款玩具,死缠硬磨要买。家长说:"家里类似的玩具有好几个,怎么还要买这个呀。"家长给孩子讲道理,孩子却跟家长哭闹,道理在情绪面前总显得苍白无力。孩子又哭又闹,还就地打滚,引来多人围观。最后家长磨不开面子,为了尽快让孩子安静,不得已买了这款家里已经有好几件的玩具。

第六章
生生不息的变革与文化

家长怕孩子在学校玩手机耽误学习，专门给其买一个只能打电话和发短信的老人机。孩子一心想买一部最新款的 iPhone。家长给孩子讲道理："买好手机还不是为了上网、玩游戏？现在学习这么紧张，有个手机能打电话就可以了，等你考上大学，给你买一部最新最好的手机。"孩子跟家长打感情牌，拖着哭腔，喃喃地说："班里 30 多个人，几乎人人都用 iPhone。同学聚会我都不敢拿我的破手机接电话，怕人笑话。还有同学以为我是来学校借读的农民工子弟。"这就一下子触碰了家长的敏感神经，家长想：我的孩子怎么能受这种委屈呢。因为孩子几句话，家长把 iPhone 买了。

我特别喜欢一句话：爱的问题只能用爱的方式来解决。我认为"目睹—感受—改变"改为"体验—觉察—改变"更妥当一些，显然，体验包括所有感觉系统，目睹貌似只强调视觉系统，而觉察比感受更高级些，指对所体验内容的解读。

在变革过程中，员工的抵触情绪主要来自两个方面：对旧模式的情感依赖，对新模式的恐惧。管理者需要将这两种抵触情绪转变为对旧模式的厌倦和对新模式的期待。这个转变不可能一蹴而就，需要在实践中慢慢渗透。

举例来说，大多数老师都意识到满堂灌式上课效果不好，却不愿意尝试把课堂变成对话互动式的。他们不是不明白这个道理，而是做不到，这是他们的抵触情绪在起作用。一方面，他们已经习惯了满堂灌的上课方式，把学生当成木头桩子，自己照本宣科灌完拉倒，这是对他们来说最习惯、最舒适的方式。另一方面，他们非常担心跟学生互动，因为万一回答不上学生的问题会很尴尬，或者课堂局面失控也很难处理，再说没人要求他们必须这么做，又何必瞎折腾呢。

面对这种抵触情绪，再通透的道理都无济于事，道理在情感面前总显得苍白无力。解决的办法就是带他去体验，先观摩成功的互动式教学样例，再逐渐尝试在自己的课堂上穿插一部分互动。当老师从学生有质量的问题中受到启发，在学生积极参与中体验到互动的乐趣，在学生容光焕发的表情中感受到活力的时候，他会逐渐喜欢上互动。积极情绪逐渐在老师的内在占了上风。

教学本来就是促人改变的工作，不以学生改变为目的的教学全都是骗人的。满堂灌的方式只是在认知层面做工作，再通透的道理都不能代替情感体验，而与学生充分交流互动的方式恰好给了学生很好的情感体验，促进了学生对所授知识的更深层次的掌握。积极而持久的改变，正是这样在认知和情感的双重力量作用下逐渐发展的。

坚持不懈地化阻力为推力

团队对变革形成高质量的广泛而深入的认同，是一个较长的渐进过程。任何团队中都有先知先觉者和后知后觉者。刚开始的时候，也许只有少数人达成高质量的认同，他们是新愿景的铁杆粉丝，自然成为变革的先锋队和宣传军。作为变革总指挥的领导者，最重要的任务是尽可能把有权力、有地位、有影响力的人物发展成

第六章
生生不息的变革与文化

为先锋队,让他们再影响更多的人。

我们在组织内推广行动学习的过程就是个生动的例子。一开始我们就发展了一批愿意学习、有共识,而且肯实践的支持者,其中不乏业务单元的负责人,他们有影响力和决策权。我们共同学习、共同研究,达到了高度的共识,甚至到了痴迷的程度。任何变革都像画同心圆一样由里及外逐渐拓展,内部伙伴便是同心圆的最里层。为了让内部伙伴更专业,我们还要对内部伙伴进行专业的培训,让他们接受行动学习催化师的培训,成为准专业的催化师。接受专业的训练好比给内部伙伴配置了一把利剑,不仅能让他们更有信心,而且能借助支持者的影响力来影响更多人。

我们在那些铁杆粉丝所在的业务单元中试点,在实战中发展改进。有效果的实践让更多人打通了"体验—觉察—改变"的改变通路,铁杆粉丝们更加受到激励,参与者们有了直观的认识,也愿意成为同盟军。只要坚定信念、持续努力,每多一个同盟者就会少一个中立者或反对者,每发展一个部门经理成为同盟者,就会带动整个部门成为同盟者。阻力和推力是此消彼长的关系。正如人类学家玛格丽特·米德所言:"永远不要怀疑,一小群有思想、肯付出的人能改变世界。事实上,世界正是这样被改变的!"

不少人认为变革是"一把手"工程,需要最高领导一声令下,一纸文件,所有人贯彻执行就可以了。事实证明,各级执行部门负责人如果缺乏发自内心的认同和支持,自然会"上有政策,下有对策"地应付。历史的经验一再证明,靠强权硬推的变革往往会惨败。这种"中央辐射地方"的路线看似是捷径,实际效果则是把深度共识的问题暂时绕过去了。强权可以带来表面的、短时间的认同和支持，但缺乏发自内心的认同和支持始终会是个隐患，说不准一个导火索就会引发报复性反弹，导致变革彻底失败。

"一把手"的大力支持和推动固然是变革成功的必要条件，但我更强调各级"一把手"的支持。如果很多基层的"一把手"都把行动学习当成工作方式，逐年积累，即便 CEO 一开始不是很支持，行动学习也能在组织里扎根，最终赢得 CEO 的支持。我把这个策略称为"农村包围城市"。我一直笃信一句话：**领导重视是挣来的而不是争来的**。事情还没有做，先争取大领导的支持，大领导即便站出来支持，也只是观望型的支持，未必是真支持。如果在局部做得风生水起，切实解决了业务问题，让参与者交口赞誉，争取到大领导的支持就是自然而然的了。

有一位培训同人跟我交流时说："我们公司原来的'一把手'非常重视行动学习，多次亲自当催化师带领团队行动学习，因此公司上下曾经对行动学习都非常重视。可惜好景不长，没多久'一把手'调走了，新来的领导就不怎么重视行动学习了，慢慢地行动学习就被大家淡忘了。"我回应说："问题的根源在于，你们高层领导在位的时候只注重开展行动学习，而没有批量培养催化师。假如当初趁'一把手'重视、大家有热情时，就把所有部门经理培养成训练有素的催化师，让各级'一把手'逐步习惯把行动学习融入工作的各个环节中，那么，即便'一把手'调离，对行动学习在组织中的普及也不会有太

第六章
生生不息的变革与文化

大影响。"这位同人恍然大悟,说:"看来任何事情都需要群众基础,缺乏群众基础,即使靠领导权威硬推,也有很大的风险。"

规模轮训:高效推进变革

经营遇到问题,最高领导者强烈地意识到危机,急切地寻求突围,推进组织变革。问题是,在经营环境迅速变化的今天,企业间的竞争比的是变革的速度。谁能快速制定策略并快速推动变革落地,谁就能在未来的竞争中取胜。如何推动新政在组织中的迅速推行,很显然是组织发展和学习的大命题。

促进"心肾相交"是典型的病构问题

组织想要避免掉进失败陷阱,需要在战略共识上下功夫。不能仅仅在年初,总经理做一个年度业务策略报告,把 PPT 下发给下级部门和员工就了事。总部的政策听起来很虚,而基层每天所做的事情又很实,很具体。如果总部的业务策略难以跟基层人员每天做的事情有机结合起来的话,他们往往会先用原有的模式开展各项业务,再犹豫地观察总部及兄弟单位的反应。如果总部没有具体到行为的业务指导的话,基层单位就会习惯性地按照原有的模式做下去,组织就会陷入上下不一的病态运营。我借用中医的概念称其为"心肾不交"。《周易》把这种乾上坤下的卦象称之为否卦,意思是天高高在上,地兀自在下,各干各的,呈现出天地不相交,气机否塞不通的状态。而健康的状态应该如老子所说："万物负阴而抱阳，冲气以为和。"上级应该往下走，下级应该往上凑，才能达到阴阳和合的通泰境界。

解决问题的办法是要用大型团队学习的方式，促进基层负责人和业务骨干将总部的业务策略和自己的日常工作紧密结合，回答"在日常的业务中做何种改变才符合最新上级精神"的问题。客观上讲，这个问题的答案既不能由总部规定，因为基层开展业务的情境很多，且常常需要权变，若总部管得太死，基层没有创新空间，就只能胡乱应付；也不能任由基层在实践中慢慢摸索创新，因为那样结果会五花八门，乱了秩序。这是一个典型的病构问题，行动学习亦是解决病构问题的工具。

因地制宜的行动学习

很多人把培训狭隘地理解为一个老师在台上讲，大家正襟危坐地在下面听。实际上，培训完全可以没有知识输入给大家，只是有问题要带领大家共同解决。培训完全可以是一种工作方式，是解决"心肾不交"问题的方式。

解决"心肾不交"的问题即可组织这样的行动学习：把基层的负责人和业务骨干召集起来，跟总部相关业务推动部门的负责人和骨干一起开展业务研讨学习班。催化师（有能力的领导者可以像杰克·韦尔奇一样自己担任这个角色）引导大家把总部关键业务策略跟自己日常的业务实践结合起来。把多个关键业务策略如何在实践中结合转化成若干个问题，就可以开展"以问题为课程大纲，以学

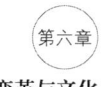

员为老师,以老师为催化师"的行动学习了。

这样的学习至少有几大好处:

- 基层骨干有机会深入领会总部业务策略,有疑问可以当面问;
- 各地基层骨干可以充分碰撞和协商;
- 可以当堂形成行动计划。

还有一点非常关键,它也成了我的思维模式的一部分。那就是要引导所有参与者找出贯彻执行总部业务策略,自己能获得的成就和成长。赋能型领导者最大的不同是不仅关注外在的绩效,更加关注团队的成长。只有参与者真正把工作和自己内在的成就需要及成长需要紧密结合起来,工作才能真正激发他们的内在动力,否则工作就只是任务,只是谋生的手段。

学习结束后,每个人都带着和自己的成就需要、成长需要紧密结合,和当地业务实践相匹配的行动计划返回。

各地实践跟踪和萃取

总部业务策略是天,基层最佳实践是地,组织变革是顶层设计和底层实践的结合。底层实践的作用更大一些,因为底层更接近客户,更务实,更符合大多数人的利益需要。我国的农村包产到户、新农村建设等政策都是先有了基层最佳实践,然后进行全国推广的,这样的模式符合最广大人民群众的利益,所以更有生命力。实践证明,农村包围城市,最后得到政府认可和推广是有生命力的模式,而城市辐射农村则经常阻力重重,需要强有力的执行体系。

总部相关业务推进部门应该持续跟踪和支持基层的业务行动,

对各地的不同实践保持密切的关注。等各地的实践有一定进展的时候，又可以用最佳实践经验萃取的方法和流程进行经验萃取，抽取关键成功要素，引导各地骨干用平衡轮找短板，制订改进计划。

这样的持续改进可以迭代多次，一旦萃取出相对稳定的模式和打法，就可以把多次经验萃取的成果整合成课程，面向全员组织规模轮训了。

形成课程并规模轮训

一种成功的模式在组织内快速复制，业务开始走上有序。规模轮训就是要前期深度参与最佳实践萃取的业务骨干当讲师，快速在全国开展。通常可以在两三个月内对某个序列的全体员工全覆盖地讲某一门课，促进每一个基层员工用新的模式开展工作，促进业务策略落地。

指数型组织必须有指数型组织的业务开展模式。快速迭代解决的是创新问题，不仅能够尽快满足客户需求，而且能加速业务模式的成型。规模复制解决的是最大限度变现的问题，目的是用最快的速度让最多的人享受到组织创新带来的便利。解决了快速创新和规模复制问题的组织，在竞争中将无往而不胜。

双向并举：用文化与制度锁定新模式

变革完成的标志是新模式完全替代旧模式，人们已经感觉不到任何新模式的新鲜与不适。

生生不息的变革与文化

将变革成果固化在制度流程里

体系化是组织基业长青的关键保障,也是变革深化的基础。在业务走向正规的组织中,各项业务都是靠既有的制度自动运行的,即便最高领导者长时间不在,组织照样能有条不紊地运行。变革使组织处于非常时期,很多以前没有遇到过的情境需要领导者做出临时决策,处理非常时期的非常决策常常要消耗领导者很大的精力。

变革的持续迭代和实践过程是探索和实验新模式的过程。新模式来自行之有效的最佳实践。模式被反复验证后,就可以从个别实践上升到组织标准,通过制度或流程的修订将其固定下来。变革领导者要善于运用组织流程再造将经过验证的最佳实践锁定。用制度化的文件规定各项作业的流程,是新模式占主导地位的标志。

抵抗旧文化对变革的阻碍

变革推动者在变革过程中会明显感受到旧文化的抗阻。文化就像磁场一样,虽然看不见却是客观存在并一直在起作用的。最深层次的变革是文化层面的变革。如果文化不能改变,变革必然受制于旧文化的干扰。

文化是在变革中逐渐形成的

有的领导认为,欲发动变革,需要先改变过时的文化。他们想从文化入手,先把自己认为变革理想的文化描述出来,然后在组织中宣贯新文化,以期通过文化的改变来带动变革。我认为,文化是变革成功的必然产物,而不是变革的先导工具或鼓动变革的口号,文化是结果而不是前提。文化的改变伴随着变革的整个过程,新模式替代旧模式的同时，新文化也在跟旧文化角力，文化的形成是比变革周期还要长的过程。

文化是始终如一地坚持做出来的，而不是说出来的。在精神领袖的影响下，整个群体会逐渐形成较为统一的思想、理念、行为、风俗、习惯等多方面约定俗成的模式，统称为文化。

领导者始终如一地坚持一种模式，这种模式渐渐就会成为文化。很多领导不能做到坚持，见异思迁、朝令夕改，结果领导的出尔反尔成为组织的文化。文化形成的关键，在于坚持按照核心价值观、组织的理念原则做事情，处理问题。

不仅大领导自己要长期秉持企业的核心价值观，核心价值观还要通过各级经理逐级往下传承。正如杰克·韦尔奇所说："我总是不断地提醒我们的经理，不管是哪个级别上的人，都必须分享我对人的激情。今天，我在他们面前是大人物；他们回到公司后，在员工们看来，他们就是事实上的'大人物'。他们必须把同样的活力、献身精神和责任心传递给员工们，传递给那些远离杰克·韦尔奇的人。"

用故事传播核心价值观

除了使命、愿景外，核心价值观是文化的最主要表现形式，不同的企业有不同的核心价值观。

核心价值观有三个显著特征。

首先，核心价值观是组织不变的追求。成功组织的共性是：价值观凌驾于短期利益和绩效之上。相反，为了短期利益而践踏价值观的组织，必然宣称其信奉的是某一套价值观，而行动中体现出来的却又是另一套价值观。

其次，价值观是评价和选择的标准。没有选择，价值观就没有凸显的机会，越艰难的选择越能凸显价值观。

再次，价值观是行动纲领，人们更应该用自己的行动去践行自己的价值观。知行合一的文化应该能够从员工的行为中显现出来。华为用垫子文化体现其艰苦奋斗的核心价值观，谷歌的星期五会议则在行动上鼓励民主和创新。

人们习惯于借助情境理解抽象的概念。组织领导者要善用故事来传播其核心价值观。常见的桥段是：在某种情境下，故事的主人公面临巨大的挑战和艰难的选择，又如何坚定地做了符合其核心价值观的选择，最终取得令人满意甚至意外的结果。**领导者要成为一个有故事，善于借助故事传播自己核心主张，并且会营销自己的人。**

文化的力量

文化的力量是巨大的。商业成功的背后离不开优秀组织文化的支撑。正是文化迸发出的巨大力量使得组织成员坚定信念、同心同德、同步同调，以此推动团队不断发展壮大。系统论中说，一种成功的模式被大规模复制，系统从无序走向有序。同样的道理，**要想组织快速发展壮大而不失本色，必须让企业文化在组织每个人身上得到成功复制**。文化可以说是组织的基因，有什么样的组织就有什么样的文化，有什么样的文化就能成就什么样的组织。

《孙子兵法》中说："令之以文，齐之以武，是谓必取。"意思是说用先进的文化把军心凝聚起来，再用严明的纪律约束使大家步调一致，这样的军队无往而不胜。

触动灵魂：文化要内化于心，外显于行

2016年，用友网络提出战略升级，文化也要配套升级。我作为文化升级小组执行组长采用行动学习的方式与董事长多次磋商，最终王文京董事长亲自审定，确定了用友文化3.0，并在当年7月举行的内蒙古海拉尔的干部与专家夏令营上正式发布。发布企业文化的文字稿相对容易，但如何才能让文化深入到每个人的内心深处？

文化培训须走心

夏令营结束后的第三季度，我们完成了300多场，覆盖14000人的全员文化轮训。课程是这样安排的：每个班分成若干组，每组6到8人。新版文化的使命、愿景和核心价值观，每一个关键要素的教学为一个单元，每单元由内训师把该要素的具体要点和内涵予以解读，之后播放王文京董事长对此要素的访谈视频。课程开发时，我们用采访的方式请王文京董事长就新版文化的使命、愿景和核心价值观进行讲解，每个关键要素夹叙夹议地讲5分钟并录制成视频，重点挖掘了他对文化词条的个人感受和情感故事。接下来，每个词条有半个小时左右的小组讨论，每个小组从工龄最长的资深员工讲起，到刚加盟的新员工结束。每个人大概有3分钟时间分享跟这个词条相关的个人亲历的情感经历和独特感悟。

举例来说，用友文化3.0的核心价值观之首是：用户之友。用户之友的含义是做用户的朋友，也是用友这个名字的来源。某个小组最资深的员工先讲了一段他亲历的故事。

第六章
生生不息的变革与文化

新千年的除夕夜,我正和家人包饺子,看春晚。突然接到客户的来电,说:"你是用友的某某某吧,你赶紧来一趟我们公司。我们计划春节假期后第一周挂牌上市,急着要出各种报表。我们财务部50多位员工跟董事长、总经理连夜加班在整理数据。你们的财务软件反应很慢,赶紧来现场支持一下吧,求你啦。"情势紧急,不能不去呀!除夕夜冒着飞雪在外面打出租车,半小时硬是打不到一辆车。出租车司机也要在家过年呀。没办法,只好把家里的旧摩托收拾收拾,穿着防雪服,骑着旧摩托开了20多公里到了客户现场,人都快冻硬了。客户方听说我来了,就像见到救命恩人一样。董事长、总经理率众到门口亲迎。除夕夜和客户一起熬通宵,客户董事长亲自煮饺子,和客户方财务团队集体过了一个别样的年夜。

春节后,客户顺利上市了。客户方董事长亲自给他送了锦旗,颁发了荣誉员工证书。讲到这里,他不由得动了感情,潸然泪下,言语哽咽。

第二个分享的员工也不由饱含感情地分享起他的故事。三个人分享过后,每桌都有多人感动流泪。就这样,分享到最后的时候,轮到刚加盟不久的新员工发言了。他慷慨激昂地说:"我刚加盟不久,还没有经历过这么动人的故事。各位前辈都是我学习的榜样,你们的故事都非常让人感动,我深受鼓舞。如果我们这些新来的同人在工作中做不到用真心以用户为友的话,简直对不起前辈们打下的江山。"

就这样,新版文化价值观在浓浓的情感氛围中根植于每个员工的内心。可见，越是态度类的教学，营造良好的氛围越重要。营造出一个好的氛围，氛围所形成的社会背景就会起作用。在这样的氛围里，学员们相互影响，共同强化了对同一概念的认知。**氛围促进了对同一认知的共同强化。**

2019年，用友又在全员范围内进行了一轮价值观行为化的全员规模轮训，目标是让用友文化能够内化于心，外化于行，也取得了极好的效果。

用文化触动灵魂

我认为，态度是附着了浓厚情感的认知，既有认知部分，又离不开情感部分。认知部分要通过"分析—理解"的方式学习，而情感部分则要通过"体验—感受"的方式改变。认知部分是意识反应，其学习过程和一般的知识学习没什么区别；而情感部分是潜意识反应，其习得过程必须实实在在地激活学习者自身的情感，所有潜意识学习都不经过思维和语言，是耳濡目染的直接感受。

我们的生命是由时间堆砌而成的，但在回首往事的时候，生命中的每一分、每一秒并不是同等重要的。那些刻骨铭心的关键时刻总是很容易被激活，那些灵魂被触动的时刻总是很容易跳出来影响我们的决策。尽管生命很长，但让人印象深刻的关键时刻却并不多。态度教学的关键是：要么创造与某个信念紧密关联的关键时刻，要么将某个信念与学习者过往的关键时刻紧密关联，让学习者用自己过往的情感经历为某个信念背书。

生命中的重要时刻，是灵魂被触动的时刻。态度类教学的重心在于激发情感、滋养灵魂，要在体验设计和关键时刻激活上下功夫。而常见的误区是用讲道理替代情感激活和体验。当发现讲道理没什么效果的时候，又用了喋喋不休的重复，殊不知，重复次数越多，遇到的内在抵抗越强。

安全教育是典型的态度教学，有的单位选择挂在嘴边常讲，以至于专门搞安全教育的人都不知道怎么讲才能更深入。某建筑工地上竖了一块牌子，上面写着，"亲爱的工友们：在外打工，注意安全，一旦发生事故——别人睡你媳妇，打你孩子，花你的抚恤金！打工安全，为你自己"。简短的文字很容易激发读者的想象和情感，进而触动灵魂，教育效果显然很好。

被誉为全球剧作教学第一大师的罗伯特·麦基说：理智的分析无论多么清晰，都不可能滋养人们的灵魂。

周行不殆，持续推行

行文至此，我已比较详细地介绍了组织学习坐标模型的五大方面，这五大方面形成了一个相互影响的完整体系。持续适应环境的组织才能生存，所以，任何组织都要与时俱进地持续把握时代潮流，及时调整战略方向，解决实际问题，打破旧的体系，建立新的体系，稳中求变，动态地适应环境。

组织学习最核心、最重要的部分是各级领导者的学习。领导者是组织的大脑，确定整个组织的前进方向，指挥整个组织按计划运转，领导者的思想如果不能持续领先时代，组织就前途黯淡了。思想的前瞻力和与时俱进的学习力是领导者最重要的且他人不可替代的能力。在团队六神无主，甚至横加指责的时候，领导者必须镇定自若，果断地指明方向，做出决策。实际上，领导者最需要的能力是规划未来的能力和在经验中学习的能力。

目标既定，目标与现实之间的差距就是待解决的问题，实现目标的过程无非是解决各种问题，逐步缩小现实与目标差距的过程。解决问题能力是必须建立在组织层面的基础能力。往简单说，解决问题就是要确定成果框架和过程框架，即定义什么是成功，确定用什么路径和策略奔向成功。尽管问题是五花八门的，解决问题的方法和策略却可以基本不变，GE的六西格玛、麦肯锡的七步成诗法本质上都是解决问题的方法。很多管理工具，如关联矩阵、平衡轮等，本质上都是简易的解决问题模型，其中都有确定成果框架和制定实现策略的元素。所以，解决问题能力应该是组织在不确定时代制胜的基本素养。

变革目标转化为各种规格和类型的问题之后，不同业务单元在解决问题的同时，便会积累在实践中证明有效的经验。如何把局部有效的经验升华为总是有效的组织智慧？如何从偶尔做对的事情中把握内在规律总结成为总能做对的方法和流程？这就需要复盘和组织经验萃取等专业的体系化能力，把具体经验上升成为组织的智慧，积累成体系。体系是体系化能力的产物，体系化能力远比体系重要。组织要在生产经营产品的同时，生产和经营组织智慧。体系必须是组织内在体系化能力的产物，很多人贪图省事总想照搬别人的体系快速成功，殊不知，别人的体系是在别人业务实践的基础上

第六章

生生不息的变革与文化

归纳总结的，照搬体系犹如移植参天大树，很难成活。别人积累数十年的体系，被你直接照搬过来，想借此取得成功，天下哪有那么便宜的事情？最好的做法是掌握体系化能力，在自己业务实践的基础上生成自己的体系，犹如种树，从树苗开始伴随自己的业务逐渐长大。

实现目标过程中为解决各种问题而逐渐发展出很多新的方法流程，这些新的方法流程会上升为某些岗位的基本要求，替代原有的岗位技能，需要在整个组织层面广泛复制。不仅领导者的思想要与时俱进，员工的岗位技能也必须与时俱进。**领导者是组织的大脑，员工是组织的四肢，大脑的想法必须与四肢的动作协调一致，组织才能有效运转。**

伴随组织能力始终的是变革与文化。变革表面上要求各级领导和员工用全新的方式做事，然而，不容忽视的是，员工的心态和能力才是影响变革成败的最关键要素。所以，把新的方法和体系以制度的方式锁定，把新的思想信念上升成为新的组织文化，才能巩固变革的成果。值得一提的是，在复杂多变的商业环境下，任何体系和文化都是双刃剑。因为体系和文化总是试图僵化某些思想和做法，而多变的商业环境总会无情地淘汰过时的思想和做法。组织只有不断代谢自己的体系和文化，根据商业环境的需要发展新的体系和文化，淘汰不合时宜的体系和文化，形成动态的体系与文化演化机制，才能做到唯变所适。

可见，组织学习总会面临认知迭代、解决问题、形成体系、岗位培训、变革文化这五大功课，发展的不同阶段侧重可以有所不同，但五个方面总是周行而不殆，循环而无端地进行着。

第七章

学习型组织的东方范式

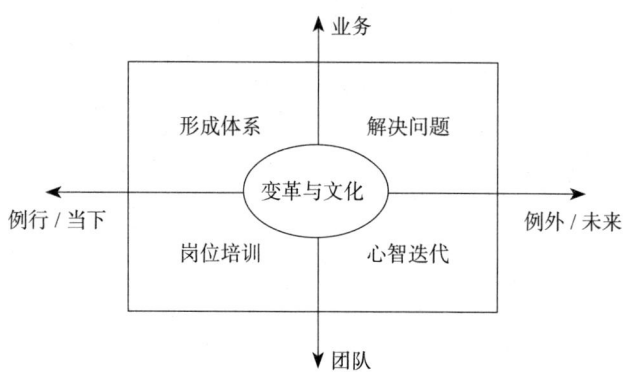

- 企业究竟为什么存在
- 领导者的角色定位与工作重心调整
- 组织学习部门负责人的五大角色定位
- 东方范式下的职业观
- 赋能型学习组织

第七章

学习型组织的东方范式

最后一章我们讨论一个话题：互联网时代组织学习究竟要做哪些改变？有没有完全不同于工业化时代的组织学习范式？这个话题要从企业为什么存在论起。企业存在的目的决定了组织学习的定位，进而影响到各级领导者及企业大学在组织学习中的分工，也影响到员工的职业发展和组织文化。

企业究竟为什么存在

组织学习究竟是企业实现利润的手段，还是企业存在的目的本身？我相信，不同老板对这个问题的认识是不同的。对组织学习认识的不同，又缘于对企业经营的本质认识不同，也可以理解为经营哲学的不同。当然，这也造成了组织学习工作开展上的差异。

企业的经济属性加剧了人的内在矛盾

早年我在用友向客户推广 ERP 软件时，给客户最常讲的理念是：企业是营利组织，经营的目的是追求利润最大化。这是现代商业的核心理念。这个理念派生于经济学的基本假设，即人都是自私的，且都会根据自己的利益做理性选择，每个人都追求自己的利益最大化，从而推动社会的发展。就像亚当·斯密讲的："我们期望的晚餐并非来自屠夫、酿酒师或是面包师的恩惠，而是来自他们对自身利益的关切。"每个人只要关注自身的利益，客观上就能促成他人利益的顺利实现，进而增加公共利益。

现代企业管理体系是追求利润的体系，工商管理专业紧密围绕企业如何赚钱和节约成本组织知识体系。企业的损益表总是收入减去成本等于息税前利润，而人力被当成生产资料，被称为人力资源。人力成本属于成本项，很显然是把人假设为工具和资源。在这种假设下，员工的学习也当然很功利地被当成是对工具的养护，就像刀钝了需要磨一下一样。劳动者如果也认同了人是企业追求利润的工具这一假设，自然会认为工作是痛苦的、被动的，人们之所以忍受痛苦的工作恰恰是为了赚取收入，购买生活必需，享受生活。把工作和生活摆在相互对立的位置，导致二者的矛盾不可调和。这是过分强调企业经济属性的必然结果。

资本市场的崛起更强化了企业的经济属性。资本是贪婪的，是赤裸裸追求利润的。融资的企业很容易被资本绑架而失去初心，为了达到资方对利润的要求而变得扭曲，甚至不择手段地追求利润。越片面追求利润，越容易失去人心，失去人心的企业会无情地被社会淘汰。企业失败的表面原因可以五花八门，但深层次的原因只有一个，就是失去人心。不是被心寒的客户抛弃，就是被失望的员工抛弃。

第七章

学习型组织的东方范式

只关注企业经济属性的老板，更关注员工的工具属性。随着商业环境的剧烈变化，竞争加剧，当产品越来越不好卖的时候，企业为了持续发展，会不断逼员工更加敬业奉献，为客户提供更优质的产品和服务。当然，有更多选择机会的客户也越来越挑剔，逼企业生产更廉价的产品，提供更优质的服务。别忘了，员工和客户只是人在不同场景下的不同身份而已，本质上都是社会人。挑剔的客户转个身又是某家企业的员工，员工下班回到家又是某家企业的客户。企业为了利润，压榨员工多奉献，员工下班后成为另一企业的客户又变得更挑剔。同样一个人，上班时"低入尘埃"，下班时"高高在上"，其工作和生活之间的矛盾越来越大，对立不断加剧。

企业的社会属性重要却易被忽视

西方社会的先知先觉者彼得·德鲁克先生早就提出了不同的观点。他更强调企业的社会属性。他认为企业是社会的器官，在社会中运行，市场是由人而非各种经济力量创造的，因此应该从人，即顾客的角度去感知和界定企业应该提供什么样的商品与服务。他提出，企业的目的是创造客户，而不是创造利润。企业首先要成为社会需要的企业，而获取利润是企业持续发展的需要。他还说，上帝造人时，没有想让人成为组织的资源，人也不是按照完成既定任务所需的能力规格而生的。人最多只不过是大致符合要求而已。我的理解是，**作为生产要素只是人为了生存迫不得已的屈就，修行才是人的根本诉求。**

与西方价值观念不同的是，东方文化自古及今都在强调人本和修身。《大学》有言:"自天子以至于庶人,壹是皆以修身为本。"企业到底是营利组织,还是老板和员工一起在工作中修行的平台?稻盛和夫认为,修行的目的是让灵魂走的时候比来的时候更高尚一些。他还认为,员工满意比客户满意更重要更优先。中国传统哲学中"修齐治平"的主张要求平天下要从修身开始,中国传统的学艺都从修心开始,强调"蕴诸内者,必显诸外"。学写字强调研磨,《弟子规》中云:"几案洁,笔砚正。墨磨偏,心不端。字不敬,心先病。"孟子曰:"君子所性,仁义礼智根于心,其生色也睟然,见于面,盎于背,施于四体,四体不言而喻。"凡外显的都是内在状态的表现,任何变化都是从内在状态开始的。显然,强调企业的经济属性和员工的工具属性,只能加剧员工的内在不和谐。

稻盛和夫为什么能在很短的时间内创造奇迹,让濒临倒闭的日航重新焕发活力?他的策略是拯救企业从重塑每一个员工开始。他提出:经营必须要有哲学,要从哲学的高度看企业的经营和员工的成长。首先要唤醒每个员工内在的自我发展诉求——活着是为了什么?活着就是为了修行自己,工作是修行的道场。工作不仅是为了换取生活必需的报酬,更是自我修行的必须。唯有把工作和修行紧密结合,工作不再是为生活和修行谋取物质基础的手段,而是生活和修行本身,岂不更幸福?倘若强调企业的社会属性,企业更应该是员工赖以修身的平台,也是员工赖以发挥特长、实现自我的平台。稻盛和夫的智慧正在这里,他先让日航的员工在价值观念上把修身当成终身大事——这也恰是《大学》中所主张的以修身为本,或是王阳明主张的"致良知"。他提出的六项精进,实际上是每一

第七章
学习型组织的东方范式

个社会人自我修养的六大功课。人的状态变了,事业的困难就迎刃而解。无论你从事什么工作,都要用这样的方式持续完善自己,为社会做贡献。这一点倒是和彭明盛当年再造 IBM 的策略是一样的,他用一系列手段重新塑造了 IBM 的员工,使员工不再是西装革履、盛气凌人的高冷专家,而成为成就客户、创新为要、诚信负责——时刻琢磨用自己的技术创新为客户创造关键时刻的、让客户觉得靠得住的专业服务者。所以,IBM 称其最重要的创新不是技术或管理系统,而是用全新的价值观重塑了 IBM。

组织学习的东方范式

企业的经济属性和社会属性就像长方形的两条边,缺一不可。二者在不同企业领导者心目中的地位不同,孰重孰轻、孰先孰后,直接影响了组织学习工作的开展。如果企业领导者更看重经济属性,那么员工就很容易被当成工具,对员工的培训犹如对工具的养护,不过是让企业获取更大利润的手段罢了。如果企业领导者更看重社会属性,那么,企业就更像是员工学习发展、实现自我的平台,员工的学习发展、成就客户成为更重要的事情,员工发展甚至比成就客户更为重要——至少稻盛和夫是这么做的。

假设某企业生意极好,产品供不应求。倘若该企业领导者更看重企业的经济属性,那么,对他而言,最明智的做法是涨价,反正产品供不应求,涨价后损失一些客户也没有大碍,而高出的价格可都是纯利润。倘若企业领导者更看重企业的社会属性,情况就不一样了,他可能考虑的是想办法扩大产能、降低成本,让更多客户能享受到企业的产品和服务,让更多的员工能在企业这个平台上施展才能、实现自我。前者可以获得让股东满意的丰厚利润,后者却能获得员工的发展,成就更多的客户,创造更多的社会价值。企业经营的目的也是多维度的,人们往往更重视容易衡量的财务指标,而忽视更重要的、更根本的客户指标和员工成长指标。

把经济属性作为主要属性的是西方传统范式,而把社会属性作为主要属性的,我认为可以称之为东方范式。在互联网时代的今天,随着全社会人本意识的提升、商业环境的快速变化,时代更呼唤东方范式!用马斯洛的需求层次理论来分析,**东方范式更能满足员工受尊重和自我实现的高级需求,也更能激发员工的内在动机和创造热情**。

近几年,东西方社会都在强调工匠精神,我要说的是,真正的工匠精神只有在激发了员工内在动机,员工把工作当成修行的情况下才能真正被激发。倘若员工仅仅把工作当成赚取收入的手段,靠外部的物质激励才能很好地工作,工匠精神何从谈起?快速多变的商业环境要求每一个员工都要能够在工作中根据情况灵活地发挥创造性。倘若员工仅仅把工作当成谋生手段,在工作中也很难主动创新。再者,新一代劳动者不是在物质紧缺年代中成长起来的,他们更看重工作中施展才能、发展自己和成就自我的机会。

综上所述,**东方范式在互联网时代占主导地位是时代发展的必然**。谷歌等公司大力推崇的 OKR 模式,本质上也是更强调员工的自我超越和受尊重等内在高级动机的激发。

第七章

学习型组织的东方范式

做业务才是隔山打牛？

我在主持用友大学工作之前也是做业务出身，刚当上用友大学校长那两年总觉得做能力提升工作，没有直接开展业务那么直接和有成就感。我经常在团队中强调：职能部门只有付出双倍的努力，才能得到一倍的认可，因为你的努力成功只能间接衡量，不好直接体现。我还提出，要用业务部门的思维开展职能部门的工作，甚至说职能部门的工作也要做到数一数二。中途也有不少朋友劝我回去做业务，认为在职能部门就是隔山打牛，埋没人才。事实上，我也并没有把用友大学当成职能部门来打造，在岗十个年头天天都想着做什么培训才能更加上接战略、下接绩效，为组织创造更大的价值，让业务感受到培训的重要。

大概在2013年年初，我想明白了一个很重要的问题，人生真正重要的事情到底是什么？易卜生说，人生最重要的事情是把自己铸造成器。十年的用友大学校长经历，也恰是我努力把自己铸造成器的过程。倘若用西方范式衡量，职业经理人做事业部总经理或分支机构总经理是最直接的，每一分努力都能体现在财务报表上。倘若用东方范式衡量，做企业大学校长才是修身的捷径。有一段时间，我在思考一个问题：是做职能部门是隔山打牛，还是做业务是隔山打牛？答案还真不一定，要看你怎么做。把自己的修行当成真正重要的事情，在哪里都不是隔山打牛。为了完成绩效指标，耽误了自己的修行，怎么做都是隔山打牛。

想明白这些道理之后，我突然觉得，能在组织中做企业大学校长简直是几辈子修来的福气。这个岗位能够最好地把组织绩效和个人成长结合起来,用友大学肩负着塑造卓越幸福用友人的使命,企业大学校长当然要率先把自己塑造成卓越幸福的用友人,这也是中国传统"修齐治平"思想的体现。在那之后,我有多次再回到业务部门工作的机会,都放弃了,因为我找到了值得为之奉献终生的事业方向。

领导者的角色定位与工作重心调整

倘若组织最高领导者深度认同组织的社会属性是第一位的,经济属性是第二位的,即采用东方范式,那么,开展业务和组织学习的方式会有什么不同?领导者的领导方式和工作重心又会有什么不同?我想,主要有以下几个方面的表现。

立身高远,做真正的事业

《周易·系辞上》中说:"举而措之天下之民,谓之事业。"真正的事业,一定是胸怀天下、惠及万民的,是以推动整个社会进步为己任的。可见,古人认为的事业,着重强调的是其社会属性。我认为,只重视经济属性而忽视社会属性的企业,发展得再大也只能称为生意。**事业和生意是有本质区别的,事业的目标是惠及万民,生意的目标是获取利润。**用友文化2.0中对商业的定义,点明了商业的本质,"商业实质上是人们采用我们称之为'商业'(Business)的一种更具效率的组织和机制从事和实现某项社会事业。任何一项商业上的成功,最后都取决于其带给社会的价值与贡献。只有为社会

第七章
学习型组织的东方范式

创造价值并做出贡献的行为,在商业上才能成功,也必能成功。反之,即使一时成功也不能持久。商业的成功就是对那些做了惠及社会事情的组织和人的奖赏"。

斯坦福大学企管研究所创意与创新行销课程的教授迈克尔·雷从其20多年来的教学经验中总结发展出"最高目标"的概念。在他的著作《此生为何而来》中指出:所谓最高目标是个人的核心本质、协助我们的力量,通常可以用一个字词来表示,如爱、沟通、智慧、联结、能量、安宁、创意,等等。每个人的最高目标不同,唯有找到自己的最高目标,为它而活,生命才能充实、圆满,也更有创意。实际上他讲的最高目标,很像教练技术中提到的核心价值观的概念。并不是用传统的观点直接点明创意,而是深入心理层面,引导每个人从自己的天赋、内在特质出发,通过"最高目标"的概念,了解自己这一生来到世上的目的,以及能达成的贡献。

"此生为何而来"是斯坦福大学最受欢迎的创意人生课。畅销书《从优秀到卓越》作者吉姆·柯林斯在他的推荐序中深情地表示,他的人生就受到迈克尔·雷很大的启发。他的著作中所谓的BHAG(Big, Hairy, Audacious Goal,即宏伟、艰难和大胆的目标)也是来自迈克尔·雷的启发。乔布斯认为,人生需要一个与财富无关的追求。每个人的生命中都有一个至高诉求,当你与之联结时,万物将只为你存在,你会拥有无穷的力量、莫大的价值,知道自己为何而生、为何而活;遇到困境时,也永远不会绝望。在足够大的梦想和情怀面前,困难自然会变小。正如稻盛和夫所言:只要你知道自己去哪儿，全世界都会为你让路。

那些以获取利润为唯一目的的企业家，面对激烈的竞争会很容易焦虑。焦虑的深层次原因是缺乏使命和初心，赚钱是唯一的目的。他们总会担心被竞争对手超过，永远把目光聚焦在竞争对手身上，为了赢得竞争可以不择手段。与之相反的是，有大情怀、做大事业的人是从来不赶时髦的。乔布斯并不关心诺基亚做什么手机，而是一门心思地做自己心仪的移动互联网手机；马云并不关心传统的商业企业的竞争与运营，而是一门心思地做自己心目中的电子商务平台，让天下没有难做的生意；任正非也不太关心西门子怎么玩，而是一门心思地做好自己心目中的电信设备与服务提供者。他们的做法似乎非常挑战波特的五力模型。为什么他们并不关心竞争对手，却能取得更大的成功？因为他们一开始就知道自己要做的事情是什么，想达成的效果是什么。倘若每个人都能做到像陶行知先生所说的"人生为一大事来，做一大事去"，那么，外部竞争又与己何干？哈佛也有句名言：当你为自己想要的东西而忙碌的时候，就没有时间为不想要的东西而担忧了。以惠及万民为目标，做真正事业的创业者更有定力，也更会应对变化。

持续精进，在工作中修行

如果企业家立志要做惠及万民的真事业，而不是唯利是图的生意，就不会把员工只当作实现利润的工具。根据"修齐治平"的思想，欲惠及万民，要先惠及自己的员工；欲惠及自己的员工，要先在工作中修行自己。阿里巴巴有"借事修人，借假修真"的说法，

第七章

学习型组织的东方范式

工作是不折不扣的修行机会。

在多年做领导力培训过程中，我发现，领导者个人的成长速度决定了业务的成长速度，领导者个人的格局决定了业务的高度。我见过不少领导很容易被情绪控制，动不动就在团队里发飙；有的领导则固守不合时宜的思维方式；还有的领导立身不高，格局太低。领导者必须在习性、心智、心性三个维度持续立体精进，才能很好地带领团队开展业务。

领导者须知：**你与任何人的关系都是陪伴成长、协同进化的关系，每一次与人的互动都是自己修行的机会。**由于位置的原因，领导者很容易任性，任性意味着让自己身上的劣根性泛滥，这种情况下，事业和修身就分割开来。王阳明说"人须在事上磨"，上级、同僚、下属、客户、供应商、伙伴等都一样是人，要借助与不同角色的关系持续提升自己的反应模式。

善恶分明，永不唯利是图

一味追求利润的领导者常常会为了现实利益扭曲自己的价值观。而东方范式指导下的领导者在做艰难决策时，更能坚持自己的价值观，不轻易向现实利益妥协。很多艰难决策面临的选择是：坚守自己的原则还是放弃原则以实现利益最大化？换句话说：决策是以善恶为依据，还是以得失为准则？稻盛和夫说：作为人，何为正确？他所说的正确是超越了个体得失的正确，更确切的表达应该是高尚。古人云：君子爱财，取之有道。各级领导者要能够持续做到把价值观凌驾在现实利益之上，让企业的社会属性大于经济属性，企业文化才会逐渐被社会感受到。

我见过很多高阶领导在关键时刻向现实利益妥协,没有坚守价值观和专业精神,事后后悔不已。

化成天下,CEO 是首席教育官

领导者最重要的责任不是完成业绩指标,而是激发团队成员的内在潜能,使团队成员能够充分施展才能、自我发展。而绩效是每个成员被充分激活和成长的必然结果。马云说,CEO 其实是首席教育官。CEO 的职责更应该是教化员工,甚至教化客户乃至社会。阿里还有一句话,三年才是阿里人。因为"化"是一种过程,文化是要熏陶的,需要耳濡目染的过程。CEO 最重要的责任是用组织的价值体系把从社会上招聘来的各色人"化"成组织内部人。

这方面,杰克·韦尔奇堪称典范。他在任 20 多年坚持在克劳顿维尔讲课,把培训当成一种工作方式。他的课堂是以问题为课程大纲的自由探讨式的,在与学员们公开而广泛的交流课堂上,他能够轻松搞定很多复杂的事情。

其一,确定公司战略。他的继任者杰夫·伊梅尔特曾经说:"在杰克·韦尔奇年代,GE 的战略都是在克劳顿维尔的课堂上制定的。"

其二,解决一些现实的问题。他的秘书罗塞娜·博得斯基在其作品《支撑:做副手的智慧》中也写道:当我们遇到一项愚蠢的制度或决定时,我们不再只是思索,也不再只是白眼一翻、与世沉浮,我们会高喊:"群策群力来解决它!"

其三,持续推进业务。比如杰克·韦尔奇能做到用上课的方式持

第七章
学习型组织的东方范式

续推进和检查业务的执行情况,所以他成为全球 No.1 的 CEO。

其四,获得一线反馈。杰克·韦尔奇在其自传中提到:"克劳顿维尔的巨大价值还在于,我们的行动计划给公司带来的困惑能在这里得到清晰的反馈。"他还说:"无论什么时候去克劳顿维尔,我从来不发表演讲。我喜欢公开而广泛的交流(其实就是用行动学习的方法和大家交流)……学员们教给我的与我教给他们的一样多……我成为一个助推器,帮助所有人取长补短……我把我的想法带到每一间课堂上,通过我和他们的交流使这些想法更加丰富……我希望每个人都给我以反馈和挑战……"

其五,传递价值观,提升凝聚力。杰克·韦尔奇亲自授课,不仅传达了公司对人才发展的重视,而且还能在课堂上传递公司的核心价值观和企业精神。他在课堂上不仅传授知识,研讨问题,更以身作则地用自己的激情点燃更多人的激情。

组织学习部门负责人的五大角色定位

我认为,企业中学习能力最强的应该是两个人:一个是企业最高领导者,一个是组织学习部门负责人,如企业大学校长。在我的课堂上,我还经常强调:企业大学校长是弹性空间最大的岗位,要混日子很容易,要做好又非常难。我认为一个真正称职的组织学习部门负责人,要身兼五个身份,而且要都扮演得好。企业大学校长更要借不同的身份来修炼自己。

"帝师"：领导集体学习督导者

我经常戏称企业大学校长的头一个身份是"帝师"，即最高领导者的老师，或者说高级领导者的老师。这是最难扮演的角色，也是最重要的角色。我说的"帝师"并非要真的当领导者的老师，而是要能够有效影响各级领导者的终身学习，使其思想持续领先于时代，状态持续积极向上，心性持续慈悲向善。

然而，位居人下，要有效影响高高在上的领导者，实在是一件难办的事情。**要向上影响，不仅需要思想领先，更需要策略和方式得当**。企业大学校长要有老板的格局，能从他们的角度看问题，才能让组织学习工作做到"上接战略"。跟上老板的思想还不够，还要主动影响老板，督促老板学习。

咨询师：解决问题专家

企业大学校长要努力把企业大学做成内部的麦肯锡，成为业务的咨询伙伴。前文已经讨论过，企业大学必须形成并普及解决问题方法论，敢于直面真实的业务挑战，以病构问题解决方法论为指导，以行动学习为手段，群策群力探索解决方案，并指导实施。在实施过程中遇到新的问题，以同样的方式解决。

较之于外部的咨询机构，也许企业大学内部的咨询能力欠缺一点，但其优势是更懂自己的业务和文化，与业务部门能更好地配合。这就要求企业大学必须培养和发展业务咨询能力。很多人会想，花钱聘请外部的咨询机构多快呀？何必自己干。我的观点是，花钱聘请外部机构确实来得快，双手叉腰当个监工就可以了。但同

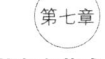

第七章
学习型组织的东方范式

时也把发展自身咨询能力的机会拱手相让了。**实践出真知，能力都是在实战中发展出来的。缺乏能力不是不去做的借口，恰是要去做的理由，经历多了，能力就发展出来了。**

知识管理专家

前文也论述过，企业在生产产品的同时也要生产知识，输出服务的同时也要输出方法论。方太大学执行校长高旭升跟我讨论过：企业大学经营的是组织的知识。组织的知识是什么？是从业务实践中提炼升华出来的，能够指导未来工作的信条和方法论。企业大学必须发展并在内部普及复盘和经验萃取能力，不要轻易放过业务经验，甚至要把从经验中萃取出知识当成重要的考核指标。

我们学的知识从哪里来？是从别人的业务实践中总结提炼而来。知识最大的特点是高度抽象，最大的作用只是方向性指导，外来的知识不能不加变通地解决自己的问题。要解决自己的问题，必须做适应性改造和创造性发挥，改造和发挥的过程就是知识的再生产过程。问题解决了，**就要用复盘和经验萃取的方式将其升华成自己组织的知识，日积月累就会形成自己的体系，甚至有可能向社会输出。**

学习项目设计师

企业大学最繁重又最吃力不讨好的工作是对各个岗位人员的培养，传统的培训往往做了很多工作，员工却没有明显的改变，业务部门也感受不到培训的效果，企业大学成员也缺乏成就感。培训为什么不能促成员工的有效改变？因为光讲知识、讲道理，不足以促成人的改变。**人的改变是一个系统工程,知识只是有效改变的必要准备,付诸情感和行动才是改变的全部。**

学习项目的设计可以理解为一个特殊的病构问题,要解决的问题是让学生从学习前的 A 样子变成学习后的 B 样子。从起点 A 到终点 B 之间有很多学习活动,但所有学习活动的目的都是促成学生的有效改变。学习项目设计既要考虑不同的内容怎么教才有效,还要考虑学生怎么学才更有效。

文化大使

企业的经济属性决定了企业生存和发展的物质基础,而企业的社会属性则为企业赋予了灵魂,这个灵魂的载体就是企业文化。它像磁铁一样把员工和客户吸引在一起。强调社会属性的企业更重视企业文化工作。

企业大学承担着文化训导的任务。我认为,但凡文化内容都不适合作为课程直接讲授,更好的策略是长期渗透,把价值观渗透到每一门课中,渗透到每一项具体的活动中。企业大学校长要能够成为文化大使,率先垂范企业的核心价值观。尽管企业大学校长的职位不高,但因为"校长"这个身份,得到更多尊重的同时,也意味着更大的责任。企业大学校长必须重视自己的形象和职业操守。

东方范式下的职业观

工作不仅是为了养家糊口,更是为了自我实现和修行。本末颠倒是造成诸多不幸的本源。很多人迷失在繁忙的工作中，忽视了真正重要的东西。以为财富是人生的全部，为之殚精竭虑，临了才发现，真正重要的东西被忽视了。

什么东西才真正属于你

《楞严经》第二卷中记载的一段波斯匿王与佛关于心性不灭的对话。我删繁就简，用白话描述一下大意。

波斯匿王：您如何知晓身后涅槃，此心不灭（所谓不变的心性，能不能展示给人看看）？

佛：你怎么知道你的身体会灭？

波斯匿王：从出生到现在，我能清晰地感受到身体一点点变老。

佛：你看你家旁边的恒河有变化吗？

波斯匿王：我自三岁就见到恒河，至今恒河没什么大的变化。

佛：你面容虽然皱，但心性未皱。皱是因为有变化，不皱的就没有变化，变化的会消亡，不变化的自然就不会消亡。

佛认为人的肉身是变的，但心性是不变的。人们总是妄想执着于变化多端的相上，所以迷失了心性。《金刚经》云：凡所有相皆是虚妄，若见诸相非相，即见如来。虽然变化是难免的，但在诸多变化中总有要坚守不变的东西，追求、信仰、良知、原则、品德——这些虽然尚不是心性,但至少是相对不变的。漫漫人生中,际遇可以不同,品格却可以保持不变,这些不变的品格塑造了一个人的形象。相反,职位、权力、名声、财富等迟早不属于你,再轰轰烈烈的人生也有谢幕的时候,临走的时候这些都会失去。稻盛和夫说,修行的目的就是让灵魂在走的时候比来的时候高尚一些。乔布斯临终时说:"在别人的眼里,我的人生就是成功的一个缩影。但是,除了工作之外,我却少有其他欢乐……此时,我躺在病榻上,回顾我的一生,意识到,我一生所骄傲的所有的名声和财富,在即将到来的死亡面前显得毫无意义。"

什么才是一个人身上最重要的无形资产?比收入增长、职位晋升还重要?我认为有几样。

其一,精神的力量。此生为何而来?带着什么样的使命?要带给世界什么样的不同?当你离开这个世界的时候,希望人们以什么样的方式记住你?你要活出一个什么样的人生?有使命、有梦想,才能够活出不一样的精神状态。这种精神状态难以言状,人们却很容易感受到。

其二,个人的品格。品格是一个人表现出来的相对稳定的回应人生处境的模式。有所为有所不为才能活出独特的自己。蒲松龄在《聊斋·王成》中评价王成说:"一贫彻骨,而至性不移,此天所以始弃之而终怜之也。"穷到骨子里了,还能坚持好的品格不改,这就是风骨。风骨常常在艰难决策中凸显。

其三,自己的成长。睿智的人都知道对智力投资是回报最高的投资。知识的积累需要漫长的过程,积累越多,价值越大。知识和能力永远属于自己，如果自己的成长速度远远大于社会平均水平，就能摆脱现实的束缚，在哪里都有饭吃。

其四，良好的习惯。成功源自优势的持续积累，而持续积累离不开好习惯。卖油翁让油穿过钱孔而不湿的功夫是长时间训练的结果，习惯都是通过大量的刻意练习，最后才由潜意识自动完成的。好习惯不仅能够大大提升做事效率，而且有极好的积累效应。

其五，互信的关系。每个人都是社会关系上的节点。人和人之间的互信是很大的无形资产，互信的双方能够快速达成共识，降低消耗；默契的合作能够大幅度提高效率，减少摩擦。

职业只是外套，修行才是根本

职业生涯规划现在算是一个很火的行当，而我要说的是职业规划从属于人生规划，人生缺乏使命和愿景，职业规划是治标不治本的。人生是连续的，而职业是分阶段的，每一份工作都是把自己铸造成器的一道工序，明确自己要活出什么样的人生，才能真正有的放矢地做好每一份工作。

职业的选择不应该是很大的困惑，职业就是个外套，该脱的时候脱，该穿的时候穿。有人换了工作后出现严重不适，便来向我咨询，我说："你在前一份工作中过分看重岗位技能的学习，而忽视了更重要的通用技能和方法技能的提升。岗位技能的特点是相对好掌握而难迁移的，而通用技能和方法技能的特点则是相对难掌握且好迁移的。做任何工作，要力求透过表面的岗位技能，探求背后相对不变的通用技能（又叫素质技能）和方法技能，基本素质过硬和做事情有办法的人，换任何岗位都能从容应对，生活中我们通常把这种人称为'能行人'。"

越是人生大目标清晰的人，越容易做到借不同的岗位修炼自己，反过来，自己综合能力快速提升后，也更容易适应不同的岗位。对综合能力强的人而言，不同岗位之间的差别并不大，相反，如果不注重综合能力的持续提升，很容易有隔行如隔山的困惑。只要自己的目标明确，在任何岗位都可以修行，更重要的是，自己会带着更积极的状态和更能发挥特长的方式投入工作。**唯有把工作和修行紧密结合，才会发自内心地热爱工作，修行也才是"在事上磨"的真修行。**

跟工作谈恋爱

不少人天生具备从生活和工作中找乐趣的能力。把不得不做的事情转化成有趣味的事情，从看似枯燥乏味的工作中寻找乐趣，实在是一种了不起的能力。一旦找到乐趣，就解决了自己全身心投入的底层动机问题，而一旦全身心投入，真的就会获得乐趣，从而进入一种良性循环。所以，"爱"是一个动词而非形容词或副词，与工作谈恋爱，是一种能力。

在我的"赋能领导力"课上就有一个单元，让学员跟自己的工作谈恋爱。每个人须先自己找理由爱上工作：在工作中能获得什么成就感？能发挥什么特长？能发展什么能力？能结交哪些朋友？自己找到的理由越充分，越容易激活内在动力，越可能带着完全不同的状态去工作。状态越好，投入越多，回报也越大，因为点滴收获

第七章
学习型组织的东方范式

都是自己折腾的结果。于是彻底摆脱应付工作的恶性循环，形成借工作成就自己、施展才华和发展能力的良性循环。

我还在课堂上说，**善于忽悠别人的是菜鸟，善于忽悠自己的才是高手**。不是所有的工作都是你喜欢的，也不是所有工作都会一帆风顺。阿尔伯特·格雷花了毕生之力探索成功者的决定性因素，最后发现成功者最显著的特征是：他们习惯去做失败者不爱去做的事情。很多事情大家都不喜欢去做，但成功者总会想办法让自己的不喜欢服从于远期目标。说服自己，调动自己的内在动力投入工作是一种非常重要的心理能力。

与工作谈恋爱可以分三方面：开始前找意义，过程中找快乐，结束后找成就。首先，要努力挖掘工作的意义。找到工作对自己的意义，是一种状态，没找到对自己的意义，则是另一种状态。因此，发现和赋予意义是一种极其重要的能力。其次，要善于在工作过程中主动捕捉乐趣，形成愉悦回路。"全球幸福学之父"本·沙哈尔的幸福观是幸福等于快乐加有意义。有意思的是，影响幸福的两个因子都很主观，因此，让自己幸福是一种重要的能力。最后，在工作结果中找到属于自己独有的那份成就感。也就是若干年后，你便可以向后来人谈谈这段让你引以为耀的经历。

工作态度更是人生态度

在我参加工作之前，易卜生的一句"人生最重要的事情是把自己铸造成器"，是我的座右铭。我非常自豪的是，工作20多年来我从没有放松过自己的学习。从用友离职的时候，我跟王文京董事长说:"在用友工作 15 个年头,我最问心无愧的是从来不允许自己懈怠。能做到这一点并非因为我很高尚,而是我很清楚,工作是单位的,但人生是自己的,工作态度实际上是人生态度。我在用友大学校长岗位上 10 个年头,学到的比教育学专业本硕博连读学的还要多,更何况还有那么多亲自实践的机会。"有时候我甚至觉得我的职业观蛮自私的,把自己的成长看得远比工作重要。而实际上,我这么做恰恰收到了组织和个人双赢的效果。王文京董事长评价我的工作时说:"俊国,你在一个看似不好发力的岗位上发力,在一个不好作为的岗位上作为,使得用友大学不仅对内有极好的口碑,对外的知名度也非常高。今天,不得不承认,用友大学已经成为用友品牌的一部分,而所有这一切远远超乎我们当初成立用友大学的期望。"我认为,造成这一切差异的,恰恰是因为我带领团队在教育学、心理学领域持续不断地提高专业,使得专业、实战、创新成为我们最独特的标签。作为员工,对未来最大的投资是在自己的成长上下功夫;作为领导者,对业务最好的投资是在团队的成长上下功夫。

反过来,当我 10 年间读了上千本书,讲了上千天课,写了上百万字,主持开发了上百门课程之后,我越来越觉得自己的知识和经验能为社会做出更大的贡献,不能把自己局限在一家企业。当一个人得到很好的成长的时候,不为社会做出更大的贡献,难道要让一身的本事、一肚子的墨水白白浪费掉不成?不仅社会需要贡献者,人生成长和自我价值也需要用贡献的方式体现。于是,我毅然决然辞职,离开用友,想用我的智慧和经验帮助更多的企业深度改

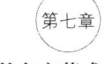

变,再用同样的方式去深度改变别人,从而形成燎原之势。所以我大胆提出:活着是为了淡定地改变中国教育。

我特别喜欢一句话:**唯有实力才能让情怀落地**。孔子说:"不患无位,患所以立。"不要担心没有你的位置,而要关心有什么能力才能胜任那个位置。所以,职场人先要努力把自己塑造成器,让自己变得厚重有实力。缺乏实力,纵然豪情万丈,也只能是"有心杀敌,无力回天"。积蓄到足够的能量,自然而然就会想着改变世界,奉献社会。老子说:"非以其无私耶,故能成其私。"意思是没有私心地帮助他人,反过来能更好地成就自己。我认为这句话还可以进一步说:非以其有私耶,故能成其公。**在人生的前期阶段,恰是因为有成长的私心而努力学习,之后再回头来为社会做出更大的贡献**。人生可以分为两大阶段,前半生的目标是努力把自己铸造成器,后半生的目标是把自己的特长和智慧发挥到淋漓尽致,为社会创造更大的价值。私与无私的关系非常微妙,要因时随势权变。

赋能型学习组织

稻盛和夫最大的智慧就是唤醒每个普通劳动者需要持续修行、自我精进的根本诉求,让员工把焦点转移到自身的修行上来,把工作当成修行的平台,从而快速改变每一个劳动者的内在状态,所以能够快速拯救日航。较之现代企业管理理念,稻盛和夫更像是反其道而行之,不强调怎么才能把工作做好,把公司经营好,而是反过来把焦点放在人的修行上:如何持续精进?作为人何谓正确?我认为这才是既满足每个人的自我实现诉求，又能真正激发每个劳动者的内在动机，更加创造性地适应快速多变的商业环境的根本策略，是符合时代潮流的东方范式。

企业本质上和公益组织一样，只不过是一种更要靠利润维持、更看重利益的社会组织形式而已。其使命分两个方面：对内是员工的全面发展和自我实现平台，对外是以产品和服务的形式为社会做贡献。从这个角度看企业，理想的学习型组织应该具备以下几个特征。

有序失控的赋能型组织

固然，企业不赢利，会难以为继。但是如果企业把赢利作为唯一目的，难免会把员工当成生产资料和劳动工具，驱动员工只能采用"胡萝卜+大棒"的方式。而对在富裕环境下成长起来的新一代员工，这种方式的刺激效果越来越弱，新一代员工更在乎的是在工作中成长和自我实现的机会。

企业更应该像社会大学，是员工赖以成长和施展的生态系统。企业为员工提供各种发展的资源和机会，并持续为其赋能。企业领导者首先要思考的是系统的使命和愿景，以及用什么样的系统结构（序位）和良知（价值观）将所有成员组织起来。对员工来讲，系统不仅要能够给其发展提供必要的资源和机会，还要能充分激发其特长和潜能，并得到应有的物质回报和精神回报。

每位员工和企业的关系都可以简化为个体和系统的关系。马克思所说的生产关系，可以理解为劳动者的系统环境。理想的系统环

第七章
学习型组织的东方范式

境表面上似乎处于混乱状态,其实是靠系统进化的力量有序发展。身在系统中的员工内心能够处在和谐状态,把自己作为人类独有的高级机能持续激活,在奉献中持续成长。

和谐、独立和滋养是我定义的赋能三要素。倘若每一位成员在工作中都能感受到内在更加和谐,工作更加独立,系统给成员更多的滋养,那么其就是处于被赋能的状态。理想的学习型组织应该是全员都被充分赋能的系统性赋能组织。

这样的组织看似非常难以实现,但如果所有成员都能把自己的修身作为头等大事,按照稻盛和夫指出的六项精进那样向内修行,其实也不难。系统改变中最大的误区是:**人人都渴望环境改变了之后,自己才改变,却忽略了一个重要事实,那就是自己同时也是别人的环境。**每一个努力让自己更加和谐、独立和滋养的成员,客观上也为其他成员实现更加和谐、独立和滋养创造了条件。

崇尚贡献的施展平台

激励驱动员工奋斗的,是有挑战、有创新和有成长空间、有成就感的工作机会本身,而不是薪酬福利。员工把工作看作是自己能力和知识转化成可变现成果的平台,凭借工作平台实现自我。因此,挑战性工作不仅是业绩增长的需要,更是精英员工自身成长的必需。

彼得·德鲁克在他的《卓有成效的管理者》中说,聚焦贡献就是聚焦有效性。我对此深有感触。聚焦贡献应该成为一种文化,一种人生态度。

假如组织形成了一种贡献文化,人人都能够每日三省吾身:对于组织绩效，我能做出的最大贡献是什么？如何把我的优势转化成贡献？如何借助工作发展更多、更大的能力，以便将来为组织做更大的贡献？那么，对这样的组织而言，竞争环境还重要吗？战略还重要吗？制度流程还重要吗？

谷歌公司认为，"我们的文化塑造了我们的战略，而不是战略塑造了文化"。人人都要发展和施展自己的文化，自然就推动了公司的发展。组织绩效是员工要绽放青春、实现自我的必然产物。海底捞有个企业文化叫作"双手改变命运"，他们的扩张速度一度很快，这种扩张却不是因为高层的战略规划，而是越来越多的员工需要用双手改变命运，需要开新店实现理想。

互为资源的超文本组织

日本学者野中郁次郎提出了超文本组织的概念。我们在互联网上看到的网页都是超文本，文本中充满了超级链接，点开任何一个超级链接，都会打开另一个新的页面。野中郁次郎提出的超文本组织实际上是个隐喻，是说组织中的每一个小单元甚至个体都是一个知识的"超级链接"，激活这个"超级链接"就能获得更多的知识和智慧。企业的知识系统实际上是一个开放互联的体系。

野中郁次郎的这个提法，我在课堂上也深有体会。我经常说，在建构主义课堂上，每一位同学与课堂主题相关的知识和经验都是全班共同建构的资源，作为老师，要充分激活学生的旧知，作为学生，要主动参与讨论奉献自己的旧知。每个人都既是奉献者，也是受益者。用系统观点看，每个人都分属于多个系统，且在每个系统

第七章
学习型组织的东方范式

中都有一个身份,也就是俗话说的"人是分圈子的"。

每个圈子都分享着某种知识和经验,企业的员工同时也分属于不同的圈子,每个人都有家庭圈、同学圈、爱好圈、家长圈等等。这就使得每个成员都成为共享另一个圈中信息的超级链接。六度理论告诉我们,世界不过是由人与人编织在一起的网,理论上讲,借助超文本组织,可以获取全世界的知识。

众所周知,社会学习是很重要的学习方式。擅长社会学习的学习者,乐于在不同的圈子中交流以获取资讯。职场上的每个人都应该同时积极联络社会上的同行或同好圈子,比如 HRD 的圈子、企业大学校长的圈子、产品经理的圈子等等。这样就可以在同行的圈子里学习知识,在自己的工作中实践应用。我将这种方式称为"画八字,坐电梯"。**横向跨不同的圈子扩大交际圈,是"画八字",纵向在自己的组织中实践应用提升绩效,就是"坐电梯"**。系统内外交叉学习和实践,相辅相成。

与时俱进的动态竞争力

在互联网时代,想借助以往的知识和经验解决未来的问题是越来越不现实了,已有的知识和经验贬值很快,商业环境的改变常常把人逼到零经验的境地。比如微信公众号的运营、音视频内容的编辑等职业都是近几年才兴起的岗位。

对于互联网时代的新学习型组织来说,最重要的能力是动态学习力,即适应环境的能力。达尔文说,在漫长的进化过程中,能生存下来的物种既不是最强大的,也不是最聪明的,而是最能适应环境变化的。

面对互联网时代的高不确定性,企业竞争的根本是学习能力的竞争。学习可以分为三类:理论学习、社会学习和经验学习。要获得动态竞争力,企业必须系统性地具备学习最前沿理论,并能够在实践中创造性地发挥,以及适应性地把理论付诸实践的能力,也要具备面向全球跨界学习、社会学习的能力,还要具备从自身亲历的经验中萃取知识、形成体系的能力。这些也就是企业与时俱进的动态竞争力,实际上,动态竞争力也可以理解为维持组织智慧持续代谢的能力。

学习最终目的还是适应环境。组织面临的商业环境的变化在加剧,组织学习必须动态地适应环境的变化。**组织学习必须同时兼顾商业利益和社会价值、组织发展和员工成长并重,**使组织能够做到:开发市场的同时开发员工潜能,生产产品的同时生产知识和方法论,满足客户需求的同时也满足员工发展的需求。和谐均衡的组织才能基业长青。

参考文献

1. [美]R. M. 加涅，W. W. 韦杰等. 教学设计原理（第五版修订本）[M]. 王小明等，译. 上海：华东师范大学出版社，2000.
2. 盛群力等. 21世纪教育目标新分类[M]. 杭州：浙江教育出版社，2000.
3. [美]达夫·尤里奇，史蒂夫·克尔，罗恩·阿什肯纳斯. 通用电气案例："群策群力"的企业文化[M]. 柏满迎等，译. 北京：中国财经出版社，2005.
4. [美]史蒂芬·柯维. 高效能人士的第八个习惯：从效能到卓越[M]. 陈允明等，译. 北京：中国青年出版社，2010.
5. [美]J. 斯图尔特·布莱克，[美]哈尔·B. 格雷格森. 变革始于个人[M]. 王霆，译. 北京：中国人民大学出版社，2011.
6. [美]约翰·安德森. 认知心理学及其启示（第7版）[M]. 秦裕林等，译. 北京：人民邮电出版社，2012.
7. [美]罗伯特·J. 斯滕伯格. 斯滕伯格教育心理学（原书第2版）[M]. 姚美林，张厚粲等，译. 北京：机械工业出版社，2012.

8. 田俊国. 上接战略 下接绩效：培训就该这样搞 [M]. 北京：北京联合出版公司，2013.

9. 王阳明. 传习录注疏 [M]. 邓艾民，注. 上海：上海古籍出版社，2013.

10. [美] 诺埃尔·蒂奇. 领导力循环 [M]. 杨斌，译. 杭州：浙江人民出版社，2014.

11. 黄秀兰. 维果茨基心理学思想精要 [M]. 广州：广东教育出版社，2014.

12. [英] 罗伯逊. 问题解决心理学 [M]. 张奇等，译. 北京：中国轻工业出版社，2014.

13. 田俊国. 精品课程是怎样炼成的 [M]. 北京：电子工业出版社，2014.

14. [美] 罗伯特·麦基. 故事：材质、结构、风格和银幕剧作的原理 [M]. 周铁东，译. 天津：天津人民出版社，2014.

15. [美] M. 戴维·梅里尔. 首要教学原理 [M]. 盛群力等，译. 福州：福建教育出版社，2016.

16. 田俊国，杨业松，刘智勇. 玩转行动学习 [M]. 北京：电子工业出版社，2016.

17. [美] 杰克·韦尔奇. 杰克·韦尔奇自传 [M]. 曹彦博，孙立明，译. 北京：中信出版社，2017.

18. [苏联] 维果茨基. 维果茨基全集 [M]. 龚浩然，吴长福，刘华山等，译. 合肥：安徽教育出版社，2017.

19. 田俊国. 赋能领导力 [M]. 杭州：浙江人民出版社，2017.

20. [美]丹尼尔·L.施瓦茨, [美]杰西卡·M.曾等.科学学习：斯坦福黄金学习法则[M].郭曼文,译.北京：机械工业出版社,2018.

21. 田俊国.讲法：从教学到赋能[M].北京：电子工业出版社,2018.

22. [日]野中郁次郎,[日]绀野登.创造知识的方法论[M].马奈,译.北京：人民邮电出版社,2019.

23. [日]野中郁次郎,[日]竹内弘高.创造知识的企业[M].吴庆海,译.北京：人民邮电出版社,2019.

24. [美]彼得·德鲁克.21世纪的管理挑战[M].朱雁斌,译.北京：机械工业出版社,2019.

25. [美]戴维·尤里奇.HR人力资源专项[M].李祖滨,孙晓平,译.北京：电子工业出版社,2019.